Schwester Teresa Zukic

Liebe Kirche, hör mal zu ...

Liebevolle
und manchmal
etwas zornige Briefe
an den lieben Gott
und sein Bodenpersonal

Die Deutsche Bibliothek – CIP-Einheitsaufnahme

Ein Titelsatz für diese Publikation ist bei
Der Deutschen Bibliothek erhältlich.

Satz: Cicero Lasersatz, Dinkelscherben, gesetzt aus Mendoza
Druck und Bindung: GGP Media GmbH, Pößneck
Printed in Germany

ISBN 3-629-01633-2

INHALT

Ekklesia 7

1. Liebe Kirche! 9
2. Hallo, Ihr vielen katholischen Gemeinden 16
3. Liebe evangelische Christen 25
4. Hallo, Ihr Einsteiger im Glauben 31
5. An alle Hyperaktiven, Dauerbrennerinnen und kirchlichen Betriebsnudeln 38
6. An alle christlichen Streithammel 45
7. Liebe Lebenskünstler 50
8. Hallo Kids 56
9. Liebe Geschiedene 61
10. Liebe Wiederverheiratete 71
11. Hallo, Ihr relimüden Schülerinnen und Schüler . 78
12. An alle Enttäuschten 84
13. An alle Wagemutigen 91
14. Liebe Pfarrer 100
15. Lieber Papst Johannes Paul II. 108
16. An alle Besserwisser und Nörgler in der Kirche . 117
17. Liebe Ordensschwestern, liebe Mitschwestern .. 118
18. An alle, die schon auf ein langes Leben zurückschauen können 125
19. Ihr lieben Frommen 131
20. An alle Suchenden 137
21. Hallo, Ihr Verliebten 143
22. Hallo, Ihr Begeisterten 148
23. Lieber Gott 153

Dank 160

Vorwort

Viele Jahre konnte man „Liebe Kirche hör mal zu" im Buchhandel erwerben. Die vielen positiven Rückmeldungen, die mich erreicht haben, veranlassen mich, das Buch nochmals im Selbstverlag herauszubringen.
„Sie sprechen mir aus dem Herzen", höre und lese ich immer wieder. Das zeigt mir, dass mein Buch immer noch aktuell ist, auch wenn z. Bsp. der „Brief an den Papst" noch an Johannes Paul II. gerichtet ist und die Wahl von Papst Benedikt XVI. noch nicht berücksichtigt. Ich war damals auch sehr begeistert, dass „Wir" Papst geworden sind. Nicht nur die Wahl eines deutschen Kurienkardinals hat uns überrascht, sondern viel mehr, mit welch väterlicher und herzlicher Offenheit Papst Benedikt den Menschen seit dem begegnet. Seine munteren, ehrlichen Augen und gleichzeitig diese brillante Theologie dieses überragenden Menschen, dessen Intelligenz und Leistung die ganze Welt anerkennt, überzeugen.
Dennoch hätte ich auch so manche Frage an ihn. Warum wird unsere Arbeit an der Basis durch Äußerungen von Rom und dem Papst, die so viel Unverständnis zeigen, behindert und manch gute Ansätze in der Ökumene wieder und wieder blockiert, als hätten wir wahrlich nicht andere Probleme zu lösen. Andererseits muss ich mich in Geduld üben und meinem neuen Papst zugestehen, dass es seine Zeit braucht, bis sein Wirken für Kirche und Welt erkannt und anerkannt werden kann. Es bleibt spannend in meiner Kirche. So möchte mein Buch auch weiterhin Lust auf Kirche machen. Sie können gerne Kontakt mit mir aufnehmen und mir Ihre Erfahrungen schreiben:

> Schwester Teresa Zukic
> Pfarrer Dr. Vogl Str. 2
> 91257 Pegnitz
> e-mail: geschwisterjesu@t-online.de

EKKLESIA

Du, sie fragen immer wieder, wie ich Dich nur lieben kann.
Du bist nicht mehr ganz die Jüngste und man sieht es Dir auch an.
Früher, da warst Du voller Leben, Du hast auch gern mal angeeckt,
heute hältst Du Deine Träume leider allzu oft versteckt.
Weißt Du noch in Deiner Jugend, da warst Du voller Leidenschaft.
Heute redest Du von Tugend und Dein Antlitz ist erschlafft.
Vielleicht ist es Deine Weisheit, Deine raue Sicht der Welt –
vielleicht ist es Deine Schwachheit, die mich weiter bei Dir hält:

Hey, altes Haus,
spürst Du den Wind
mit dem alles von vorne beginnt?
Ich bin bei Dir,
gib ja nicht auf;
mit Deinem wilden Lebenslauf
bist Du bald wieder völlig da,
Ekklesia.

Du warst damals kaum erwachsen, da bekamst Du sehr viel Macht.
Du hast die sanften Kinderzeiten nur noch leise ausgelacht.
Du – ich kann es nicht verstehen, Du hast Dich so oft verrannt,

bist charakterlos geworden, wolltest nur noch Geld und Tand.

Dafür gingst Du über Leichen, Du hast vielen Leid getan – heut bedauerst Du die Zeiten, diesen verfluchten Größenwahn.

Doch durch alle tiefen Krisen bist Du wieder aufgewacht, hast nochmal von vorn begonnen, ja das hat Dich ausgemacht.

Manchmal kommt das alte Feuer, dieser Geist der Anfangszeit,

dann bist Du mir ganz geheuer und dann vergess ich all das Leid.

Ich fange an mit Dir zu schmusen und stell mir vor wie's morgen ist,

weil ich weiß, dass Du im Innern so schön wie am Anfang bist.

Fabian Vogt

1. Liebe Kirche!

Heute möchte ich Dir endlich einmal schreiben. Was ich Dir sagen will, trage ich schon so lange in meiner Seele umher. Jetzt ist es an der Zeit, Dir einmal ordentlich die Meinung zu sagen. Eigentlich rede ich jeden Tag zu Dir und mit Dir, aber nur heimlich, in Gedanken, in Wut, in Leidenschaft und manchmal in einem Überschwang von Begeisterung. Ich liebe Dich, Du alte Kirche, aber ich hasse Dich auch manchmal.

Ich weiß, ich weiß, ich sollte den Mund nicht so weit aufreißen! Ich habe auch schon einiges angestellt. Aber Du bist ja auch nicht ohne ...

Du bist so unnahbar, stolz und muffig, so muffig wie die Anzüge Deiner Priester, die keine Haushälterin mehr haben. Du bist eben alt geworden und trägst schwer an den vergangenen Jahrhunderten. Keine Angst, Kirche, ich möchte Dir in diesem Brief nicht alle Deine Fehler und Sünden aufzählen! Das würde meinen Brief wirklich sprengen – und außerdem können das andere viel besser: Deine Kritiker, Deine Verfolger, Deine Opfer.

Ich bin nur eine kleine Mitarbeiterin in Deinem großen Universum. Ich habe keinen Auftrag, Dir Haltungsnoten zu verpassen wie beim Eiskunstlauf. Ich bin auch kein katholischer Reich-Ranicki. Aber manchmal bin ich furchtbar wütend auf Dich, mindestens so wütend wie Jesus, als er die Tische im Tempel umgeworfen hatte, weil es dort zuging wie bei Hempels. Und das muss eine ungeheure Wut gewesen sein, die Jesus da gepackt hat. Die Leute waren nicht sehr begeistert über seine Aktion. Jesus hat sich bei keinem für diesen Wutausbruch entschuldigt. Ich werde mich auch nicht entschuldigen. Soll ich mich für etwas entschuldigen, wofür ich nichts kann? Ich bin getauft und gefirmt und habe das Recht, meiner Kirche mal ordentlich was ins Stammbuch zu schreiben. Ich lasse mir ja auch von ihr etwas sagen ...

Ich weiß, dass Du mir nicht böse sein wirst, meine Kirche, denn Du liebst die Wahrheit. Sollte ich dennoch übertreiben, weißt Du als gute Mutter damit umzugehen. Ehrlich: Ich lass mir etwas sagen, auch wenn es mir voll gegen den Strich geht. Und außerdem bin ich hart im Nehmen. Aber ich will Dir jetzt einfach meine Meinung sagen, und diese mit einer großen Prise Humor. Hallo Kirche, kannst Du eigentlich lachen? Ich habe den leisen Verdacht, dass es Dir daran etwas fehlt ...

Gut, ich gebe zu, dass ich Dich erst mit 19 Jahren kennengelernt habe. Ich gehörte nicht zu „diesem Verein", wie viele Dich auch heute noch bezeichnen. Meine Eltern hielten nichts von Dir und ich hatte wirklich andere Interessen, als mich mit Dir zu beschäftigen. Auch bin ich erst sehr spät mit einem leibhaftigen Vertreter Deines Bodenpersonals in Berührung gekommen. Der war o.k.; er half mir dann, Dich in Deiner Größe und Schönheit zu betrachten.

Bevor ich mit Dir etwas anfangen konnte, habe ich Dich für eine Art Seniorenclub gehalten, ein überholter Verein, in dem die Ewiggestrigen ihre Heimat finden und ihre altmodischen Traditionen pflegen, dann für einen dunklen Geheimbund, in dem Kreuzzüge und die Inquisitionen an der Tagesordnung sind. Ich musste ganz schön umlernen, bis ich verstand, was Du für ein Geheimnis bist: ... dass nämlich Gott in Dir wohnt – und dass gleichzeitig Platz ist für Sünder und Versager. Wie konnte Dein ganzes Wesen in meiner kleinen Seele Platz finden? Du warst faszinierend, geheimnisvoll und in Deinen vielen Falten versteckten sich immer neue, unglaubliche Abenteuer. Du hast in zweitausend Jahren so viele Millionen von Menschen beherbergt, warst ihnen Zufluchtstätte und hast die verrücktesten Heiligen hervorgebracht. Du hast bewahrt und geheilt, vergeben und bestraft, froh gemacht und enttäuscht.

Deine Geschichte war für mich überwältigend, Deine Tradition voller Überraschungen. Du hütest einen kostbaren Schatz wie ein eifersüchtiger Ehemann und verteidigst ihn wie eine Mutter, die für das Überleben Ihrer Kinder kämpft. Manchmal fauchst Du wie ein wütender Drache, wenn man an Deiner Tradition kratzt, aber Du stöhnst auch, wenn Deine Dir Anvertrauten gequält werden oder wegsterben. Ich glaube, ich war von der ersten Stunde an, als ich Dich kennenlernte, verliebt in Dich. Und wie das eben so mit Verliebten ist, schwärmte ich von Deiner Gnade und Zärtlichkeit, Deiner Stärke und Gelassenheit, Deinem prachtvollen Aussehen, und dass Du eben so ganz anders warst als alle anderen. Ich wollte nichts wissen von Deinen Fehlern, stritt mit Kritikern, die Dich herabsetzten und verteidigte Dich wie mein Leben, denn ich glaubte an Dich. Zu Dir wollte ich gehören und ich wurde Dein Kind. Begeistert von Deinem Wirken und Deinen Festen und natürlich von Deinem Gründer.

Angelockt vom Zauber Deiner Botschaft, wollte ich Deine Söhne und Töchter kennenlernen. Ich war so neugierig, denn ich stellte mir vor, dass dies wahnsinnig lebendige und selbstbewusste Kinder sein müssten. So träumte ich mir ein Wolkenkuckucksheim zusammen: Christen sind bestimmt anders als alle anderen. Sie reden nie schlecht übereinander, verzeihen, gehen liebevoll mit ihren Feinden um. Sie teilen alles, was sie haben mit anderen und sind überall beliebt. Als große Gemeinschaft haben sie Platz für Suchende und Benachteiligte. Schließlich – so dachte ich – haben die ja einen Freischein für die Ewigkeit. Das muss sich doch im Leben auswirken, meinte ich, bedingungslos geliebt und gerettet zu sein. Unter solchen Leuten hat jeder einen Platz und keiner bildet sich ein, besser oder mehr zu sein als der andere. Alle sind sie Sünder und das bekennen sie auch immer wieder, wenn sie zusammen kommen. Sie sind auf der Sonnenseite des Lebens, nicht nur wenn es ihnen gut geht, sondern auch, wenn es ihnen dreckig geht, wenn sie scheitern oder bekämpft werden ...

„Wow!", dachte ich. „Super!" Christen müssen den Himmel auf Erden haben. Immer haben sie einen Raum der Geborgenheit, einen Helfer, und Du, Mutter Kirche, hast immer ein wachsames und gütiges Auge auf sie. Umso größer war meine Enttäuschung, als ich mit leibhaftigen

Christen zum ersten Mal auf Tuchfühlung ging. Liebe Kirche, sei mir nicht böse, aber ich musste feststellen, dass viele Deiner Söhne und Töchter keinen Deut besser sind als der Rest der Menschheit, den ich gerade hinter mir gelassen hatte, um mich in Deine Arme zu stürzen. Das ist vielleicht nur bei den Normalos so, dachte ich mir. Aber die Priester, die sind sicher top! Oh, oh, oh ... Gleichgültig, ob in der letzten Pfarrei arbeitend oder berufen für die höhere kirchliche Laufbahn, ob mit modischem Schlips oder „Kalkleiste" – überall dasselbe: Menschen. Menschen, die genauso schlecht über andere redeten wie Nichtchristen, Ihr eigenes Prestige suchten und manchmal Ihren Geschwistern gegenüber ausgesprochen grausam handelten. Wenn sie verschiedener Meinung waren, dann verletzten sie sich und waren gleich verstritten und manche kehrten nach einer Enttäuschung Dir gleich den Rücken zu. Auch darüber bin ich wütend, dass Du es nicht geschafft hast, Deine Kinder von der Liebe, über die Du doch so viel redest, zu überzeugen und zu beseelen. Aber mittlerweile habe ich nicht nur Dich, sondern auch mich ein Stück besser kennengelernt. An Dir liegt es nicht, wenn ich noch keine Heilige bin ...

Du siehst müde aus, meine Kirche, und man könnte Mitleid mit Dir haben, aber ich will das in diesem Brief nicht, denn ich habe den Eindruck, dass Du und Deine Kinder sich viel zu oft bemitleiden: „Ach, was sind wir so arm dran! Wie sind die Zeiten so böse! Und die Menschen so schwerhörig! Und der Materialismus so materialistisch! Und überhaupt ...!" Hör auf!

Du beschäftigst Dich viel zu sehr mit Dir selber, kreist nur noch um Dich, und hast keine Zeit und Kraft mehr, Dich mit den Menschen, die Dich wirklich bräuchten, zu beschäftigen. Tut mir leid, Du bist nicht dafür da, Dich vor dem Spiegel zu drehen. Du hast einen Auftrag. Los, geh ran! Mach Dich nützlich! Fang endlich an zu dienen! Hör auf, die Menschen nur zu belehren und zu beschwatzen! Hilf ihnen aus dem Dreck.

Ach ja, Du bist müde geworden, und die Mauer um Dich wird immer dicker. Auch Deine Leute sind übermüdet, überfordert und überaltert. Machen wir uns doch nichts vor: Du bist so unendlich weit weg von den Menschen, so unmodern, so weit abseits vom heutigen Lebensgefühl und der Lebensfreude, dass ich mich über Deine Unattraktivität nicht mehr wundern kann. Du bist wie ein altes Mädchen, das sich wundert, dass ihr die Kerls nicht mehr hinterherpfeifen. Es ist einfach unmöglich, jungen Menschen von heute zu erzählen, dass es der Kick ist, in einer knochenharten Kirchenbank zu sitzen und ein vierhundert Jahre altes Lied zu singen. Sorry, aber das reißt wirklich keinen mehr vom Hocker. Du sagst, Du hättest die optimale Botschaft für diese Welt und für alle Menschen. Und, dass es eine frohe Botschaft ist. Aber viele verstehen nicht, wieso Deine Fröhlichkeit so ernst ist. Jedenfalls strahlst Du nicht gerade eine überwältigende Heiterkeit aus und Dein Bodenpersonal auch nicht. Ich verstehe unter Fröhlichkeit jedenfalls etwas anderes und manchmal habe ich den Eindruck, dass alles, was wirklich Spaß und Freude macht, bei

Dir gar nicht gut ankommt. Jedenfalls wirken die, die zu Dir gehören, häufig so steif und sauertöpfisch, als hätten sie mit Hilfe von Vitriol das BGB verschluckt. Eigenartig. Christen müssten doch ausgelassen sein, müssten doch wie die Verrückten tanzen vor Freude.

Und doch, liebe Kirche, ich hänge an Dir und ich kann nicht sagen wie. Ich möchte nie mehr von Dir lassen. Ich sehe Dich in Deiner Schwachheit, die mich gleichzeitig wütend macht und doch auch wieder tröstet. Sie tröstet, weil alle Schwachen (also auch ich) sich bei Dir aufgehoben fühlen können.

Aber meinst Du nicht, dass es an der Zeit ist, dem neuen Jahrtausend in die Augen zu sehen? Die Augen gehören den unzähligen Menschen, die Deinen Gründer brauchen. Sie verlassen Dich, weil sie ihn Durch Deine Strukturen und die Art wie Du vielerorts noch auftrittst, nicht mehr finden können. Sie suchen nicht Dich, sondern IHN. Manchmal scheinst Du das zu vergessen. Du bist nur dafür da, dass man IHN durch Dich hindurch erkennt. Du bist gut, wenn Du wie Glas bist und man möglichst wenig von Dir sieht. Verzeih mir, wenn ich noch ein anderes Bild für Dich finde: Du bist die Kiste für die Beziehung, nicht die Beziehung selbst.

Nun, mein Herz ist voll. Übervoll von zornigen und liebevollen Gedanken für Dich. Ach, liebe Kirche, hör mal zu, ich habe Dir noch viel zu sagen.

Deine treue Schwester Teresa

2. Hallo, Ihr vielen katholischen Gemeinden,

ich staune immer wieder über Eure Vielfalt. Ihr seid alle so unterschiedlich und bunt und Ihr habt doch alle eine wunderbare gewachsene Tradition, die natürlich von Generationen von Gläubigen geprägt ist und von den Pfarrern, die sie formten. Die Seelsorger, die für Euch lebten, ihre väterliche Liebe und Eure kindliche, manchmal eifersüchtige Zuneigung zu ihnen und Eure Anhänglichkeit führten Euch zusammen. Die sonntägliche Eucharistiefeier ist das lebendige Herz Eures Zusammenlebens, der wichtigste Treffpunkt. Darüber hinaus gehören vielfältigste Veranstaltungen zu Eurem Pfarrleben. Einige von Euch (fast immer die gleichen) sind in verschiedensten Gremien tätig, die das Ganze tragen und zusammenhalten.

Jede Gemeinde, so arm sie sonst sein mag, hat in ihrem Inneren einen glühenden Kern. Von da strahlt Wärme und Geist aus in den Lebensraum der Menschen. In diesem Raum können Kinder heranwachsen, Jugendliche ihre Erfahrungen sammeln, Erwachsene Halt und Orientierung finden und alte Menschen in Frieden sterben.

Eine Gemeinde – ist das nicht etwas Wunderbares?

Weil das so ist, kann ich manche von Euch einfach nicht verstehen. Deshalb schreibe ich Euch heute. Ich habe nämlich den Eindruck, dass viele von Euch sich selbst genügen: Solisten, die sich nicht für das Konzert interessieren. Kirchensteuer abdrücken, und dann mal schauen, was die da vorne bieten für die Kohle! Hauptsache, Ihr habt noch einen Pfarrer, der Euch die Messe hält, meinetwegen einen aus China. Das scheint den meisten zu genügen. Viele machen sich keine Gedanken, wie's weitergeht. Sie wollen, dass sich nichts ändert und alles beim Alten bleibt. Sie interessieren sich nicht im Geringsten für das, was die Kirche will, oder besser gesagt: Was Jesus mit seiner Kirche von uns will, welches Ziel er mit uns verfolgt. „Sollen sich doch die Verantwortlichen darüber den Kopf zerbrechen, das ist doch nicht meine Aufgabe!"

Ich frage mich, wo Ihr hinsteuert. Ich meine Euch alle: die Kindergruppe und den Seniorenclub, den Hauskreis und den Kirchenchor. Habt Ihr ein gemeinsames Ziel? Wisst Ihr schon, dass Ihr die Sache Jesu in die Hand nehmen müsst? Sonst gibt es sie nämlich bald nicht mehr. Nicht für Euch, nicht für Eure Kinder und schon gar nicht für Eure Enkel. „Nach mir die Sintflut!" ist kein Wort aus der Bibel.

Es ist mir manchmal auch ein Rätsel, warum Ihr Euch nicht traut, über Euren eignen Kirchturm zu schauen. Die Nachbargemeinde, in der eine tolle Jugendarbeit läuft, das ist nicht die Konkurrenz. Das ist ein Teil von dem Reichtum, der auch Euch gehört. Freut Euch mit den anderen und seid bereit Euren Reichtum zu teilen. Ihr habt mehr zu geben, als Ihr glaubt! Teilen – das ist die Lektion, die unaufhaltsam auf Euch zukommt. Es gibt viele Diözesen in unserem Land, in denen die Zahl der Pfarrer schon so abgenommen hat, dass viele Gemeinden froh wären, wenn ein Laie für sie da wäre. Aber wartet nur ab, irgendwann kann es jede Pfarrei erwischen. Keine hat eine Garantie, dass sie das nicht betreffen könnte, dass ihre noch so selbstverständlichen Erwartungen nicht mehr erfüllt werden können. Hoffentlich schreibt Ihr dann keine Brandbriefe an den Bischof.

Ich will Euch mal eine andere Vision malen: *Vielleicht wird das die beste Zeit in Eurer Gemeinde sein!* Ihr werdet nämlich endlich zu fragen beginnen: Was soll das Ganze? Wofür ist unsere Gemeinde eigentlich da? Was können wir tun? Und dann wird man bald feststellen: Eine Gemeinde ist so lebendig, wie die Mitglieder einer Gemeinde bereit sind, Leben in den gemeinsamen Topf zu geben. Sie ist jedenfalls kein Selbstbedienungsladen für nebeneinander herlaufende Egoisten, die dort Erbauung, Kinderhüten, Orgelmusik, Erwachsenenbildung und die Heilige Kommunion kriegen.

Als ich letzte Woche einen Restaurantführer in der Hand hielt, kam mir die Idee, es könnte so einen Kirchenführer für unsere Gemeinden geben. Da würde manch altgediente Pfarrei wirklich alt aussehen. Stellt Euch vor, das Leben dort würde nach dem freundlichen Service beurteilt, nach der Qualität der Gottesdienste und dem Umgang miteinander, nach der einladenden Atmosphäre und Kinderfreundlichkeit, nach zeitgemäßen Öffnungszeiten und der Frische der Produkte und Veranstaltungen. An der Frische der Früchte erkennt man die Qualität – das ist sogar ein biblisches Bild (Mt 12,33: An den Früchten also erkennt man den Baum). Das wäre mal eine Reformation nach meinem Geschmack: Wenn ähnlich wie in der Gastronomie für besondere Qualität Sterne vergeben würden für eine ungewöhnliche Gemeinde, die mit Charme und Freude Ihre Gäste bedient und mit erfrischenden Ideen und liebevollem Umgang Menschen zu Gott bringt. Bis zu drei Sterne würde ich vergeben; und ich wüsste schon, welche Gemeinde von mir mit dem höchsten Prädikat ausgezeichnet würde. Das ist leider keine katholische Gemeinde.

Das ist „Willow Creek", eine Gemeinde in den USA, die in überwältigender Weise das lebt, wonach wir Christen uns alle sehnen. Es ist eine liebevolle Gemeinschaft; Menschen können dort ihre Talente und geistlichen Gaben herausfinden und dürfen sich genau an der Stelle einbringen, wo sie am besten sind. Es ist eine Gemeinde, in der es Gottesdienste gibt, die auf die Suchenden und Kirchendistanzierten zugeschnitten sind. Man sagt sich dort: „Wir sind Gemeinde, damit Menschen Gott finden".

Drei Sterne würde sie für Ihre Philosophie bekommen: „Der Gast ist (soll) ein König(skind werden)" – im wahrsten Sinne des Wortes. Und nicht nur dafür. Drei Sterne würden die Leute von Willow Creek bekommen, weil sie, bevor sie jemanden in der Gemeinde kritisieren, ihn neunmal vorher loben. Und drei Sterne würden sie bekommen, weil sie eine Kinderarbeit betreiben (3000 Kinder jedes Wochenende), die von Herzen kommt und ans Herz rührt. Drei Sterne würde ich geben, weil sie kinderorientiert ist und die biblischen Inhalte so kreativ vermittelt werden, dass sie die Kinder verstehen und ganz nebenbei ungeheuren Spaß machen. Drei Sterne für Willow Creek, weil sie wissen, welcher Schatz die Kinder für eine Gemeinde sind: Sie sind die zukünftigen Ärzte, Richter, Handwerker, Lehrer und Politiker einer Gesellschaft.

Und vor allem würden sie drei Sterne von mir bekommen, weil sie Ihre Erfahrungen ohne die Angst weitergeben, andere könnten ihre Ideen klauen. Seit ich um diese Gemeinde weiß, bin ich keine Träumerin mehr, denn es gibt so etwas wirklich (und nicht nur in den Träumen von ein paar Schwarmgeistern). Jetzt darf ich Visionärin sein und sagen: Ich will, dass das bei uns auch möglich wird. Ihr dürft das auch. Traut Euch doch!
Ihr habt doch den gleichen Heiligen Geist!

Auch wir in unserer Gemeinde versuchen wirklich viele Dinge, aber ich fürchte, dass wir nicht mal einen Stern bekommen, weil wir in puncto Liebe und Loslassen noch schwer am Üben sind. Und auf die Liebe zu Gott und den Menschen, das geschwisterliche Vertrauen unter uns, darauf kommt es doch an. Das ist viel wichtiger als alle Initiativen und Veranstaltungen und ein Bombenprogramm, mit dem man die Zeitungsspalten füllt. Sich nicht über den anderen zu erheben, ein betendes, verletzliches Herz haben, Mitleid und Barmherzigkeit empfinden, das sind die unscheinbaren Wachstumselemente einer Gemeinde. Liebe steckt an; sie wird interessanter als all die Reibereien, Neidaffären, Pingeligkeiten, über die wir uns sonst das Maul zerreißen.

Ich verstehe nicht, liebe Gemeinden, warum „Willow Creek" so selten ist. Warum es nicht ein, zwei, drei, tausend Willow Creeks gibt. Hier in Europa. In Berlin, München, auf den Dörfern, überall. Mir will es nicht in den Kopf, warum es so viele Grüppchen in unseren Gemeinden gibt, so viele Gemeindemitglieder, die nur Fehler suchen, so viele Kritiker, die nichts anpacken und nichts beitragen, aber eine harte und grausame Sprache sprechen. Verletzte Menschen verletzten, auch das steckt an. Was hat man all diesen Zynikern und Spitzzungen und Betonköpfen getan, dass sie so verletzen? Ich verstehe nicht, warum es uns so schwer fällt, uns darüber zu freuen, dass Menschen den Glauben finden, dass Gutes geschieht, dass neue Wege gegangen werden, dass Neues ausprobiert wird. Ich komme bei meinen Vorträgen in viele unterschiedliche Gemeinden und erfahre im Gespräch mit den Menschen so viel Sinnloses, Unchristliches und Zerstörerisches. Es muss anscheinend ungeheuren Spaß machen, wenn wir uns gegenseitig zermürben. „Leiden" scheint etwas so Wunderbares zu sein, dass wir es suchen wie der Masochist die Peitsche. Es muss wirklich toll sein, mit finstren Gesichtern rumzulaufen und Gift zu spritzen. Echt erfrischend so zu leben.

Aber zum Glück erlebe ich ebenso viele heitere Gemeinden, die stolz auf ihre Ministranten und Kinder sind, manchmal sogar auf Ihre Pfarrer, die herrliche Nachmittage für Senioren (wo man sie noch so nennen darf) veranstalten, die begeisternde Gottesdienste feiern, in denen es wirklich um Gott geht – Gemeinden, in denen Einsame besucht und Kranke liebevoll getröstet werden. Das ist so schön, dass ich niemals meine Liebe zur Gemeindearbeit aufgeben werde.

Man muss schon ein bisschen verrückt sein, wenn man in der Gemeinde arbeitet. Da setzt man seine ganze Lebenskraft für den täglichen Wahnsinn ein, hält stundenlange Sitzungen über so viel Unwichtiges aus, organisiert und macht und tut an tausend Ecken. Aber dann passiert das, was alle Mühe und Arbeit wieder gut macht und worüber man sich wie ein Honigkuchenpferd freut: Ein Mensch findet Gott. Und es gibt noch andere „Zuckerle": Ich finde es immer wieder überwältigend, wenn wir, unterschiedlich wie wir sind, uns versammeln, diesen Jesus feiern und ihn loben bis wir heiser sind. Und wenn ich dann aus den Augenwinkeln auf ein Kind schaue, und wenn ich dann sehe, dass da ein Leuchten in seinen Augen ist, und dann weiß: Das Kind hat es verstanden – dann bin ich unendlich glücklich.

Überhaupt die Kinder ... Letztens kam mein Freund Julius – er ist 3 Jahre alt – beim Friedhofsbesuch mit der Oma an einer Jesusstatue mit weit ausgebreiteten Händen vorbei. Da ging er hin, gab Jesus die Hand und sagte: „Herzlichen Glückwunsch zum Geburtstag, Du Schlitzohr". Jetzt wollen wir den Julius nicht überinterpretieren, aber zumindest die Oma kam zum Nachdenken. Stimmt es nicht? Jesus hatte es faustdick hinter den Ohren, wenn er Menschen für seinen Vater gewinnen wollte. Und wir Nachfolger Jesu sollten uns endlich ein paar verrückte Sachen einfallen lassen, damit unsere Generation wieder in die Arme des liebenden und freundlichen Gottes läuft.

Als ich letztes Jahr einen Besinnungstag für zwei Pfarrgemeinden hielt, bat ich die große Runde, jeder möge sich vorstellen und mir sagen, was ihm das Wichtigste in der Gemeinde sei. Das dauerte, und ich wurde immer nervöser. Ein Wort lag mir auf der Zunge und es kam und kam nicht. Aber dieser ältere Herr, der muss es jetzt doch sagen! Fehlanzeige. Und dieses junge Mädchen mit dem offenen Blick? Auch nicht. Als jeder in der Runde etwas gesagt hatte, war ich erschüttert. Nicht einer war auf das Wort „Gott" oder „Jesus" gekommen. Stattdessen fielen so unersetzliche Worte wie „Pfarrfest", „Musik" und „gute Stimmung".

Was ist das Wichtigste in der Gemeinde, wenn nicht Gott? Wozu sind wir da, wenn nicht, um ihn zu loben und zu verherrlichen und uns an IHM und seiner Liebe zu uns zu freuen? In den ersten drei Geboten geht es darum, wie wir mit Gott umgehen sollen und in den anderen, wie wir mit den Menschen umgehen sollen. Und Jesus fasst es ja zusammen: Gott zu lieben, von ganzem Herzen, ganzer Seele, mit allen unseren Kräften und den Nächsten zu lieben wie uns selbst.

Es wird Zeit, uns als Gemeinde wieder in diesen Gott zu verlieben und in die Menschen, die mit uns und um uns glauben, leben, lieben, kämpfen und suchen. Verliebte sind verrückt nacheinander, lassen sich vom Zauber des anderen anstecken, sind großzügig mit seinen Schwächen und entdecken immer aufs Neue, welch wunderbares Geheimnis der Geliebte oder die Geliebte ist.

Liebe Christen, lasst uns doch unsere erste Liebe zur Gemeinde wieder entdecken! Machen wir das nicht abhängig vom Pfarrer oder von schlechten Erfahrungen. Verliebte dürfen sich auch streiten, weil die Versöhnung danach umso schöner ist. Wer nicht richtig streiten kann, soll dem anderen lieber vergeben. Ich wünsche uns allen, dass wir den Zauber der Liebe nicht verlieren und die Kraft haben, Gottes schwache, aber frohe Gemeinschaft zu sein.

Eure Schwester Teresa

3. Liebe evangelische Christen,

noch lieber würde ich Euch ja mit „Liebe Christen unserer Schwesterkirchen" ansprechen. Offiziell geht dies seit kurzem nicht mehr. Doch für mich seid Ihr immer noch meine Schwestern und Brüder im Glauben. Ich kann wirklich nichts dafür, wenn mich der Heilige Geist nicht so schnell vom Gegenteil überzeugt. Vielleicht gelingt ihm das nicht, weil die Idee einer ökumenischen Kehrtwende gar nicht in seiner Abteilung entstanden ist. Was ich darüber denke, hab ich schon meinem Papst geschrieben.

Ich wollte Euch ein großes Kompliment machen. Ich bin richtig begeistert darüber, wie Ihr es versteht, neue Gottesdienstformen zu erproben oder Evangelisation zu betreiben. Das ist so herzerfrischend missionarisch und lebendig. Ihr nehmt die Menschen in Ihrem Freiheitsdrang ernst, macht freien Menschen ein freies Angebot. Jedenfalls habe ich den Eindruck, dass Ihr viel mehr in der Welt lebt, politischer seid, auch unbequemer, wenn es darum geht, soziale Ungerechtigkeit anzuprangern. Gott hat Euch diese Art geschenkt. Ich weiß, dass Ihr uns in dieser Hinsicht sehr weit voraus seid. Und in einer anderen, die für mich noch bedeutsamer ist: Als wir vor einiger Zeit bei einem freikirchlichen Kongress über missionarische Kinder- und Jugendarbeit waren, zitierte der Referent eine Bibelstelle und 3000 junge Leute griffen zu Ihren Rucksäcken, in Ihre Hosentaschen oder Körbe und zogen Ihre Bibel heraus. Die einzigen verwunderten Blicke kamen von uns, einer Hand voll katholischer Christen.

Die Bibel ist für Euch kein sonntägliches Kulturereignis, sondern Euer tägliches Lebenselixier. Eure Bibeln sehen ramponiert und gebraucht aus, bunt angemalt und durchlebt. Vielleicht war unser Staunen so groß, weil es so viele junge Menschen waren, die ihre Bibel so selbstverständlich wie ihr Handy mit sich trugen. Leider ist der Durchschnittskatholik nicht gerade der fleißigste Bibelleser, geschweige denn, dass er sie mit sich herumträgt. Da können wir noch viel von Euch lernen.

Besonders begeistert mich die Vielfalt Eurer modernen Lieder und Gebete, mit denen Ihr das Lob Gottes zum Ausdruck bringt. Ihr investiert sehr viel Liebe, Nachdenken und Arbeit in diese neue Form des Gebetes, die Menschen von innen her anspricht. Die Texte sind bekennend und ausdrucksstark; mir persönlich geben sie sehr viel. Selbst für Kinder habt Ihr eine eigene Musik des Gotteslobs geschaffen, die Kindern ganz entspricht und ihnen den Weg für eine tiefe Verbindung zu Gott ermöglicht. Ich kann interessierten Katholiken nur empfehlen, einmal in einen evangelischen Buchladen zu gehen, den es in jeder größeren Stadt gibt. Ihr würdet staunen, was dort an Materialien und praktischen Anregungen für Christen unsrer Zeit zu finden ist. Ich jedenfalls bin Stammkunde und entdecke immer mehr, was meine Liebe und Übereinstimmung mit Euch stärkt. Ihr habt den Mut, Euch mit Kugelschreibern oder Ketten, Autoaufklebern oder Bildern als Christen zu „outen". Vor allem Eure Kirchentage sind geprägt von einer einzigartigen Vielfalt. Jedenfalls gebt Ihr sehr vielen Musikern und Musikgruppen eine Chance, und würdigt damit, dass sie sich so viel einfallen lassen, um andere für Gott und den Glauben zu begeistern.

Natürlich muss ich gestehen, dass ich auch nur einen kleinen Ausschnitt Eures Glaubensverständnisses kenne. Aber ich erlebe, wie unsere Gemeinde tief verbunden ist mit der evangelischen Gemeinde. Wir haben so viele Gemeinsamkeiten und gemeinsame Veranstaltungen, die uns gegenseitig bereichern. Dennoch glaube ich einfach, dass wir uns trotzdem noch zu wenig kennen und deswegen manches nicht verstehen können. Wenn wir unsere Gottesdienste gegenseitig besuchen, dann gibt es da noch manches, was befremdet. So müssen sich wohl Kirchendistanzierte fühlen, die zum ersten Mal eine Kirche besuchen. Die wissen mit vielen Symbolen und Gesten nichts anzufangen.

Wir Katholiken gelten immer als konservativ und altmodisch. Aber nach einigen traditionellen Gottesdiensten in Eurer Kirche habe ich gedacht: „He, das ist ja schlimmer als bei uns!" Der Pfarrer wendete sich von der Gemeinde ab, als er betete und stieg zur gelehrten Predigt auf die hohe Kanzel. Man verrenkte sich den Hals, wollte man ihm ins Gesicht schauen und der „Vorlesung" auch optisch folgen. Das finde ich ganz schön steif, wie übrigens auch viele Eurer Choräle. Die mögen ja sprachlich o.k. sein und auch uralt. Aber wenn man mit Guns & Roses aufgewachsen ist, fehlt einem ein wenig der Pep. Und auch das häufige Gerede vom Geld, den Spenden und Spendern, hat mich nicht unbedingt angemacht. Ich weiß ja nicht, ob das überall so ist, aber irgendwann war ich sauer, als man mich zum dritten Mal innerhalb eines Gottesdienstes zum Spenden ermunterte. Was zu viel ist, ist zu viel! Die „Spickzettel", die sogar festhalten, wann, wie und wo man sich hinzusetzen hat, fand ich, waren auch nicht gerade der Hit. Für mich sind es einfach zu viele Vorlesungen in den Gottesdiensten, zu viele Konzepte, zu viele Erklärungen. Wo ist da noch Raum für die Spontaneität des Geistes, wenn alle Worte schon durch das Konzept festgelegt sind? Nehmt es mir bitte nicht übel, aber ich empfinde das so.

Ich bin sicher, Ihr wüsstet genauso viel Merkwürdiges und Befremdliches über unsere traditionellen Gottesdienste zu sagen. Das kann ich wirklich gut verstehen. Aber was halten wir uns bei solchem Kleinkram auf, statt das Gemeinsame herauszustellen, das wir in Berlin 2003 auf einem gemeinsamen evangelischen und katholischen Kirchentag feiern werden! Der Münchner Kardinal Wetter hatte sich ja vor Jahren einen tollen Versprecher bei seinem Grußwort zum evangelischen Kirchentag geleistet: „Herzlich Willkommen zum evangelischen Katholikentag". Das wär's doch!

Ich träume von einer gemeinsamen Kirche, in der jede Seite ihre besonderen Talente einbringt: Eure Liebe zur Heiligen Schrift, unsere Liebe zur Eucharistie, Eure Betonung der Freiheit, unsere Liebe zur Kirche, Eure Offenheit für neue Formen und unsere Freude an einer formenreichen, mit allen Sinnen erlebbaren Liturgie.

Uns gegenseitig anzunehmen und zu verstehen, das wird keinen einfache Sache werden. Ich kann mir gut vorstellen, dass Ihr zum Beispiel mit unserem Kirchenbewusstsein nicht so gut zurechtkommt. Wir fühlen uns durch den Gottesdienstbesuch in der Treue zur Kirche bestärkt, auch wenn einige von Euch meinen, es sei bloß die „Sonntagspflicht". Gewiss besteht die Gefahr bei uns, einfach aus Gewohnheit zu gehen oder wegen des schlechten Gewissens. Natürlich gibt es genügend Katholiken, die so leben, aber es gibt auch echte Begeisterung: Wir gehen gerne zur Kirche, weil sie für uns eben ein Zuhause ist, weil wir verrückt auf das Feiern sind, weil wir keine Woche ohne diesen Gott auskommen und schon gar nicht ohne Jesus im gemeinsamen Mahl. Davon können wir gar nicht genug kriegen. Wir brauchen diese handgreiflichen Symbole und Bilder, den Duft des Weihrauchs und die Anbetung, weil wir sonst als ganzheitliche Menschen verarmen würden. In dieser Hinsicht könnten wir noch mehr von der orthodoxen Kirche lernen, die Ihre Liturgie mit allen Sinnen feiert und damit die Herzen für den Himmel aufschließt. Wir durften bei unserem letzten Kirchenfestival Tatjana Goritschewa aus St. Petersburg als Gast bei uns haben. Eine tolle Frau, die uns so lebendig von der Ehrfurcht der Gläubigen, den langen, feierlichen Gottesdiensten und der Vielfalt der orthodoxen Kirche erzählte, dass ich denke, wir alle, die katholischen, evangelischen und orthodoxen Christen wären dumm, wenn wir nicht diese Vielfalt der Glaubenserfahrungen austauschen, voneinander lernen, und sie uns zu eigen machen würden. Vor diesem reichen Schatz der Vielfalt brauchen wir uns nicht zu fürchten, denn Gott hat sie unseren Kirchen zusammen zugedacht. Jede Kirche hat etwas von diesem gemeinsamen Schatz in besonderer Weise gepflegt und damit auch für die anderen aufbewahrt.

Verzeiht mir, wenn vieles zu kurz kommt. Eines aber weiß ich sicher: Wir brauchen einander und die Menschen in unserem Land brauchen uns zusammen. Nur gemeinsam können wir den Menschen die frohe Botschaft bringen. Alleine sind wir auf Dauer ein Flop. In geschwisterlicher Verbundenheit

Schwester Teresa

4. Hallo, Ihr Einsteiger im Glauben,

Ihr habt die bewundernswerte Wahl getroffen, Euch mit dem Glauben auseinanderzusetzen. Dabei habt Ihr einen der schwierigsten Schritte schon geschafft. Ihr lasst Euch auf ein Lebensexperiment ein, trotz aller Vorurteile, mit denen Ihr tagtäglich über Gott, Glaube oder Kirche konfrontiert werdet. Ihr habt wirklich Mut!

Denn überall sagen die Leute das Gleiche: Die Kirche bringt mir nichts. Die Leute greifen das nicht aus der Luft, teilweise stimmt das. In einer Menge von Gemeinden geht's äußerst stumpfsinnig zu. Pfarrer wie Schlaftabletten, Organisten wie Nachtwächter, ein Gesang zum Fortlaufen. Vermutlich schläft sogar der liebe Gott dabei ein. Manche Lieder wären besser nie komponiert worden; manche Predigten blieben besser in der Schublade. Erstens werden sie oft nur vorgelesen, zweitens schlecht vorgelesen und drittens sind sie es oftmals nicht wert vorgelesen zu werden. So läuft es in vielen Gemeinden, aber es gibt auch eine Menge anderer, in denen die Post abgeht. Eine Gemeinde ist immer so langweilig oder so aufregend wie ihre Mitglieder. Man muss manchmal ein bisschen suchen, bis man heute eine Gemeinde findet, in der es ein Klima gibt, in dem man wachsen kann und glücklich wird mit seinem Glauben.

Das war nicht immer so. Es gab Zeiten, in denen Christsein die spannendste Sache der Welt war. Sonst könnte man es sich nicht erklären, dass Christen in verschiedenen Jahrhunderten und verschiedenen Kulturen verfolgt, eingesperrt und umgebracht, sogar den Löwen zum Fraß vorgeworfen wurden. Diese Leute haben geglüht vor Begeisterung. Man konnte ihnen alles wegnehmen, nur nicht den Glauben – der war ihnen das Kostbarste, was sie besaßen. Lieber ließen sie sich einen Kopf kürzer machen! Kaum zu glauben, was?

Leider habe ich den Eindruck, dass zwischen damals und heute irgendjemand den Stecker aus der Leitung gezogen hat. Es muss zwei Arten von Christentum gegeben haben und uns ist die langweiligere Form geblieben. Aber das ist nicht überall so, auch heute werden noch auf der Welt Christen terrorisiert, in Gefängnisse gesteckt, sogar getötet. Und da fragt man sich doch, wieso sie Kopf und Kragen riskieren, wenn das alles bloß kalter Kaffee ist. Ganz so tot (wie es immer geredet wird) ist das Christentum nicht. Immerhin gibt es auf der ganzen Erde keine Veranstaltung, die auch nur annähernd so viele Besucher hätte, wie der Gottesdienst, den Christen Sonntag für Sonntag feiern. So sehr „megaout" kann die Geschichte also nicht sein!

Ihr habt Euch auf den Weg gemacht, herauszufinden, was an der Geschichte dran ist – und das finde ich einfach echt stark. Ich will gerne für Euch beten, dass Ihr nicht an die falschen Fuffziger, irgendwelche intellektuellen Schwätzer, geratet und dass Ihr Euch Menschen anvertraut, in denen ein inneres Feuer brennt. Das ist so wichtig! Bernhard von Clairvaux hat einmal gesagt: „Glühen ist mehr als Wissen". Den Glauben kann man nicht mit dem Kopf erfahren und nicht mit intellektueller Akrobatik erobern – man braucht dazu vor allem das Herz. Und das muss angesteckt werden. Nur Feuer macht Feuer. Wenn Ihr jemand mit Feuer findet, dann könnt Ihr eine Menge Überraschungen erleben.

So ging es mir jedenfalls, als ich mich mit 19 Jahren zum ersten Mal auf den Weg gemacht habe, das Christentum und die katholische Kirche zu entdecken. Ich dachte vorher auch, da geht es sicher nur um Gebote und Verbote, um Kleiderordnung und Heuchelei, um Scheinheilige und Superfromme, die mit dem Leben nichts am Hut haben und mit „Spaß" schon dreimal nicht. Ich wollte zwar Gott kennenlernen, gleichzeitig aber platzte ich vor Lebenslust. Oi, oi – wie das unter einen Hut kriegen?

Obgleich ich in der Schule noch nie ein Geschichtsfreak war, fand ich zuerst die Geschichte der Kirche wahnsinnig aufregend. Aber am meisten überraschte mich die Bibel. Das ist ein Buch wie kein anderes. Es ist wirklich unglaublich, wie zeitnah sie auch heute noch ist. Aber das wirst Du selbst entdecken, wenn Du anfängst, darin zu lesen. Du wirst nicht gerade griechisch oder hebräisch lesen können, (das sind die ursprünglichen Sprachen, in denen sie verfasst ist) – probiere es also einfach mit einer Übersetzung. Die größten Sprachmeister haben sich daran versucht. Suche Dir eine aus, die Du gut verstehen kannst, und dann los! Aber nimm Dir nicht zu viel vor. Mit einem einzigen Satz, den Du verstehst und umsetzt, wirst Du Wunder erleben. Und Du wirst versessen darauf werden, neue Sätze und Geschichten kennenzulernen, um sie für Dich auszuprobieren.

Kleine persönliche Wunder machen den Zauber des Anfangens aus. Ein Wunder ist es doch schon, dass Du in der Bibel liest, wer hätte das von Dir gedacht? Ich weiß, dass es schwierig ist, vorurteilsfrei an die ganze Sache ranzugehen. Viele Fragen werden Dir durch den Kopf gehen und oft wirst Du auf Anhieb keine Antwort finden. Das wäre ja auch zu einfach, wenn es eine Maschine gäbe, die einem auf Knopfdruck alle Fragen, die Gott betreffen, beantworten könnte. Ich möchte Dir nur sagen, warum mich dieser Jesus und seine Kirche nicht mehr losgelassen haben.

Meine Anfangszeit im Glauben war die aufregendste Zeit meines Lebens; es war, als würde ich einen neuen Kontinent entdecken. Das erste, was mir abhanden kam, war die Angst. Vorher glaubte ich immer, dass ich irgendwelche knallharten Bedingungen erfüllen müsste, um geliebt zu sein. Als ich zum Glauben an Jesus kam, nahm er mir diese Ängste und gab mir stattdessen eine große Portion Freiheit und Unabhängigkeit. Irgendwie sagte er mir: „Lass Dich von keinem Menschen mehr bestimmen. Du darfst das!"

Ich habe ihm alle möglichen Fragen vor die Füße geworfen – und ich habe jede Menge Antworten erhalten. Ich konnte nicht kapieren, warum so viel Leid auf der Erde geschieht und kein Gott etwas dagegen tut. Gott hat mir bis auf den heutigen Tag keine Theorie dazu geschenkt. Seine Antwort ist Jesus, ein Mensch. Er ist die große Initiative Gottes. Er hat eingegriffen, indem er selbst Mensch wurde, indem er in das Leiden kam, es sich aneignete, es verwandelte.

Ich hatte vorher schon viel von meinem Leben, war kein Mauerblümchen und kein Freund von Traurigkeit. Als ich Jesus kennen lernte, merkte ich erst, was *spitzenmäßiges* Leben bedeutet – Leben unter Strom, mit 100000 Volt. Seine Botschaft ist mein Lebenselixier geworden, Tag für Tag.

Ich hatte mich mit einer Menge unwichtiger Dinge beschäftigt. Seit ich um Jesus weiß, ist mein Leben reicher und anspruchsvoller geworden. Ich war zwar nicht durchschnittlich, aber auch nichts Besonderes. Was Wichtiges bist Du nicht, dachte ich immer, die Welt dreht sich auch ohne Dich. Durch Jesus weiß ich erst, wie wertvoll ich bin. Ich fühle mich so geliebt, als wäre ich der wichtigste Mensch der Welt, ganz und gar unersetzlich. Jesus hat sein Leben für mich gegeben. Das ist doch einfach stark!

Wenn man sich die Jünger anschaut, die Jesus ausgesucht hat, dann gerät man leicht in Verwunderung, dass er sich mit so einfachen Leuten abgegeben hat. Was hat er bloß für Energie und Zeit aufgewendet, bis sie seine Botschaft kapierten. Die Jünger waren keine Intelligenzbestien und keine Moralisten. Sie haben jede Menge Fehler gemacht. Ist doch ganz beruhigend für den Anfang, oder? Wir müssen nicht besonders clever sein, auch keine besonderen Qualifikationen mitbringen. Jesus kann mit Mittelklassetypen, mit Leuten wie Du und ich, besondere Dinge tun.

Jesus wird für Dich gar kein Problem sein, höchstens die Kirche. Aber trau IHM. Er hat sie gegründet und ihr versprochen, immer bei ihr zu sein. Prüfe sie, lerne sie richtig kennen und gib ihr eine Chance. Und wenn Du Menschen in ihr entdeckst, die Du unerträglich findest, dann tröste Dich damit, dass Gott auch die Unerträglichen trägt – jeden, auch Dich und mich. Es ist doch beruhigend, dass Jesus mit solch einer Truppe seit 2000 Jahren am Ball ist. Wir fehlerhaften Menschen haben es nicht geschafft, die Kirche kaputtzukriegen. Noch immer ist sie die zentrale Anlaufstation für alle, die Gott kennen lernen möchten.

Wenn Du bei dem Gedanken an „Kirche" nur gähnen kannst, dann hast Du wohl nur eine müde Gemeinde erlebt oder sie nur von außen und nicht von innen betrachtet. Du hast vielleicht auch keinen Kontakt zu „echten" Christen gefunden. Mache Dich auf die Suche, Gott läuft Dir schon entgegen. Du wirst vielleicht eine Menge an der Kirche auszusetzen haben, aber trotzdem kannst Du etwas tun, um sie zu ändern und zu verbessern. Also trau Dich. Es ist mehr möglich, als Du ahnst.

In unserer Pfarrei bieten wir seit zwei Jahren Gottesdienste für Kirchendistanzierte an. „Go X" ist die Abkürzung für einen „Gottesdienst, der extra anders ist". Hier versuchen wir das Vorurteil abzubauen, das man von Gottesdiensten im Allgemeinen hat. Wir wollen die Kritiker eines Besseren belehren, wollen zeigen, dass Kirche lebendig sein kann, eine Predigt keine Schlaftablette ist, eine Musik zum Singen und Jubeln animiert und ein wunderbares Gebet ist. Dies schafft eine Atmosphäre, die diese Stunde zum Ereignis macht. Für manche sogar zu einem Fest.

Wir haben uns sehr viel vorgenommen. Es ist ungemein spannend, sich Gedanken um die zu machen, die mit Kirche eigentlich nichts am Hut haben. Vielleicht findet Ihr in Eurer Gegend auch so einen „Einsteigergottesdienst", wo es um erste Glaubensschritte geht. Ebenso viele Besucher haben wir, die einfach nur ihren müde gewordenen Glauben auffrischen. Es sind Menschen, die eine neue Form suchen, um sich intensiver mit ihrem Glauben zu beschäftigen.

Wir sind nicht die Weltmeister; wir sind auch nicht „Die alten Hasen", die wissen wie das läuft. Im Grunde sind wir in unserem Team immer wieder selbst Anfänger im Glauben. Viele von uns haben erst in diesen Jahren angefangen, sich intensiv mit dem Glauben auseinander zu setzen.

Ich wünsche Euch ganz viel gute Erfahrungen als Einsteiger im Glauben. Erfahrungen, die Mut machen. Gott hat schon einen ersten gewaltigen Schritt auf Euch zugemacht, er hat seinen Sohn in Eure Richtung geschickt. Er wartet jetzt auf einen Schritt von Euch. Mit jedem weiteren Schritt werdet Ihr ihn mehr entdecken. Viel Vergnügen beim Entdecken!

Eure Schwester Teresa

5. An alle Hyperaktiven, Dauerbrennerinnen, und kirchlichen Betriebsnudeln,

da man Euch in der Gemeinde erstens an der Staubwolke, zweitens an den Bremsspuren und drittens am Humor erkennt, darf ich Euch doch so ansprechen? Im Grunde kann ich Euch nur bewundern. Ihr gebt nicht auf, komme was will. Als hättet Ihr von Gott eine nie versiegende Quelle der Freude und Kraft erhalten. Ihr wuselt und wirbelt in der Gemeinde umher, habt mindestens fünf bis zehn „Ämter" an der Backe, seid der gute Geist in der Gemeinde. Ihr vergesst keinen Geburtstag, kein Jubiläum, keinen Namen der letzten drei Generationen. Rundum beschäftigt, habt ihr schon immer Familie, Job und Gemeinde unter einen Hut gebracht. Ehrlich gesagt: Ohne Euch ginge es in mancher Gemeinde steil bergab! Ihr seid durch und durch organisiert, seid die Ersten, die bei den Veranstaltungen auftauchen und die Letzten, die wieder heimgehen. Euer Einsatz und Engagement für die Kirche könnte jeden Manager in der Wirtschaft vor Neid erblassen lassen. Die Power, die ehrenamtliche Mitarbeiterinnen in unseren Gemeinden einsetzen, ist unglaublich.

Bevor ich Euch weiter Honig um den Bart streiche, muss ich kurz auf zwei Gefahren aufmerksam machen: a) gibt es solche Hyperaktivisten, die ein Riesenrad in Schwung bringen, bloß nicht wissen warum. Hauptsache es läuft was, der

Grill geht nie aus und der Zapfhahn glüht. Mehr sage ich nicht. Und b) leiden vielleicht einige von Euch auch an einem Helfersyndrom. Sie müssen einfach helfen, auch wenn sie selbst und ihre Familie dabei vor die Hunde gehen. Das Helfersyndrom ist eine Krankheit, die in der Kirche hoch willkommen ist. Wer soll denn die ganze Arbeit tun? Ihr seid die Leute mit dem guten Herzen, die immer wieder angesprochen werden: „Willst Du nicht, kannst Du nicht?" Ganz oft könnt Ihr zwar nicht, aber was Ihr noch weniger könnt, ist „Nein" sagen, auch wenn Ihr es Euch schon hundertmal vorgenommen habt. Ihr dürft das – Nein sagen – und Ihr müsst das manchmal tun. Dann macht Ihr immer noch genug. Aber das trifft auf Euch, die Ihr wirklich zum Helfen berufen seid, nicht oder nur am Rand zu.

Wenn Euch von Zeit zu Zeit die Puste ausgeht, hängt Ihr so richtig schön durch. Gründe gibt es dafür reichlich. Ob Euch schon lange keiner mehr geehrt hat, kein anerkennendes Wort gefallen ist, weil euer Dienst so selbstverständlich ist? Da ihr meistens darüber schweigt, erkennt eure Umgebung solche Phasen meist erst dann, wenn es zu spät ist, wenn die ersten Tränen fließen. Gemeindearbeit kann Knochenarbeit sein und ist zugleich Herzensarbeit.

Wenn ich Euch heute einen Brief schreibe, dann bewegt mich nur dieser eine Grund: Euch meine Wertschätzung zum Ausdruck zu bringen. Ich bin selbst eine Powerfrau und kann Leute nicht leiden, die ihre Hände ewig nur im Schoß haben. Anpacken, dann geht was! Ohne Euch würde die Kirche nicht mehr laufen und die Gemeinden kraftlos werden. Manchmal frage ich mich, ob ihr nicht nach den Pfarrern (vielleicht sogar vor den Pfarrern?) „das" besondere Geschenk Gottes für die Gemeinden seid.

Natürlich könnt Ihr manchen Leuten auch ganz schön auf den Wecker gehen, vor allem den Pfarrern, die sich mit Händen und Füßen gegen Euer organisatorisches Geschick wehren, aber nachträglich Gott auf den Knien danken, dass sie euretwegen den wichtigsten Termin der Woche nicht verschwitzt haben. Pfarrer vergessen es mit Vorliebe, sich bei ihren „Allroundtalenten" in der Gemeinde zu bedanken und wenn sie es mal tun, dann so spät, dass Ihr die Geschichten schon lange abgehakt habt. Meistens vergisst auch die Gemeinde, ihre „Schätze" wert zu schätzen. Sich zu bedanken, scheint aus der Mode gekommen zu sein.

So viele von Euch helfen selbstlos, arbeiten lieber im Hintergrund, wo immer sie gebraucht werden. Ist Euch eigentlich bewusst, das das „Helfen" in der Gemeinde eine geistliche Gabe ist? Sie wird im Korintherbrief als solche erwähnt. Die wenigsten Christen und Christinnen wissen um ihre geistlichen Gabe; es gibt sie in allen möglichen Facetten: Die Gabe der Kreativität, der Barmherzigkeit, des Gebetes, der Gastfreundschaft, des Gebens, des Predigens; und noch viele andere werden in der Bibel erwähnt. Gott hat diese Gaben an seine Kinder verteilt – zum Nutzen für die Gemeinden. Er hat ihnen besondere Fähigkeiten gegeben, damit sie alle praktischen und notwendigen Aufgaben erfüllen können. Ich bin tief davon überzeugt, dass Gott jede Gemeinde mit einer Fülle von Gaben beschenkt hat. Nur tun wir alles, sie möglichst tief im Keller zu vergraben. Heraus damit!

„Helfen" ist also eine Gabe Gottes. Sie wurde bestimmten Menschen verliehen, damit Eure Gemeinden wachsen können und aufgebaut werden. Und das Wichtigste: Vor Gott ist „Helfen" genauso wertvoll wie „Predigen". Es gibt keine bessere oder schlechtere Gabe. Auch wenn manche Pfarrer das gerne anders sähen. (Unter uns: Ich glaube, dass nur wenige Pfarrer die geistliche Gabe des Predigens überhaupt haben!).

Ihr seht die Arbeit, die notwendig ist, während andere gerne weg schauen. Ihr seid verfügbar und bereitwillig, hilfsbereit und zuverlässig, treu und einsatzfreudig, und deswegen ganz besondere Menschen. Gerne würde ich Euch in den Arm nehmen, Euch von Herzen drücken, um Euch zu sagen, wie einmalig Ihr seid. Viele brauchen Euch, Eure Liebe und Eure Gegenwart. Ich kann verstehen, wenn Ihr manchmal traurig und resigniert seid, wenn es in der Gemeinde nicht mehr vorwärts geht, wenn die anderen gar nicht sehen können, was Ihr wirklich leistet. Vielleicht könnt Ihr Euren Dienst und Einsatz als „geistliche Gabe" schätzen lernen und Euch bewusst machen, wie wertvoll er in den Augen Gottes ist.

Es gibt unter Euch aber auch einige, die denken, dass ohne sie überhaupt nichts geht. Leider kenne ich auch einige Gemeinden, die regelrecht von solchen „Hyperaktiven" dominiert, ja sogar terrorisiert werden. Selbst der Pfarrer hat dort nichts mehr zu sagen. Es ist traurig, wie viel dadurch verhindert wird.

Es gibt regelrechte Gemeindepolitessen, die strengstens aufpassen, dass alles so gemacht wird, wie das schon immer war. Ohne ihre Zustimmung läuft nichts. Eigentlich ist Ihnen alles zu viel. Aber etwas aus der Hand geben? Nie! Sie denken wirklich, dass niemand es so hinkriegt wie sie. Das stimmt auch meist. So wie sie kann das bestimmt kein anderer. Aber damit bestrafen sie sich und die Gemeinde. Wenn nie jemand vom Nachwuchs zum Zug kommt, passiert eine doppelte Katastrophe: a) Eines Tages sind die alten Routiniers ausgestorben, und b) keine Jungen mehr da, denen man zeitig Verantwortung gegeben hätte.

Aber Ihr, die ich hier anspreche, gehört ja da sicher nicht zu diesen Platzhirschen, denn Ihr freut Euch über jede und jeden Neuen, der in der Gemeinde mithelfen will. Erleichtert ihnen die Eingewöhnung, gebt gerne etwas von Euren Aufgaben ab! Ihr habt ja sowieso genug am Hals. Ihr sollt es ohnehin für Gott tun und nicht nur der Anerkennung wegen. Das Einzige, was ich zur Zeit fürchte, ist, dass Ihr aussterben könntet, bevor Ihr Euren reichen Schatz an Erfahrungen an die nächste Generation weitergegeben habt. Ihr werdet immer weniger. Vielleicht solltet Ihr eine neue Strategie beginnen und andere in der Gemeinde zur Mitarbeit motivieren. Aber bitte nicht die ganze Hand ergreifen, wenn jemand den kleinen Finger gibt!

Ich mache gute Erfahrungen, dass ich neue Mitarbeiterinnen und Mitarbeiter dann gewinne, wenn ich nur eine konkrete Aufgabe für sie finde, die ihnen wirklich Spaß macht. Und es sollte idealerweise eine Aufgabe sein, in der

Ihr mit dem Neuen seine ureigene geistliche Gabe entdecken könnt. Um das herauszufinden – ich halte es für eminent wichtig – führen wir in unserer Gemeinde ein sogenanntes „Gabenseminar" durch. Das ist ein an der Bibel orientierter Kurs, bei dem es um das persönliche Engagement in der Gemeinde geht. Wir entdecken dann welche Neigungen und Gaben und welcher Stil der einzelne hat und wo sein Platz in unserer Gemeinde sein könnte – der Platz, an dem ihn Gott braucht. Die Sabine, den Karl, die Sandra, den Björn. Es ist immer wieder ein Erlebnis, wie dieser Kurs zu einer Glaubenserfahrung wird und zum Neueinstieg in die Gemeinde führt. Wenn einer Teilnehmerin bewusst wird, dass sie schon immer eine Neigung zum Singen hat, und ihre geistliche Gabe das „Helfen" ist, kann es schon passieren, dass sie Mitglied im Chor und zur Vorsängerin wird. Sie hilft, dass andere den Ton treffen, sie hilft uns zum Beten, weil sie uns durch ihr Singen beflügelt, sie unterstützt den ganzen Chor. Wir haben in den letzten Jahren erfahren, wie Menschen plötzlich die Erfüllung ihrer tiefsten Wünsche in Reichweite sahen, einfach weil sie einen ganz bestimmten ehrenamtlichen Dienst in der Gemeinde anvertraut bekamen.

Manche haben die Neigung, für kleine Kinder da zu sein, andere wollen für Ältere sorgen, manche setzen sich für die Ökumene ein. Und manche entdecken zum ersten Mal, dass sie überhaupt eine Gabe haben und – sind sprachlos. Einige wollen gerne im Stillen eine Aufgabe erfüllen; andere können nur in der Gemeinschaft mit Menschen so richtig aufblühen. So ein Seminar macht richtig Spaß und fördert das Selbstbewusstsein. Am Ende hat jeder das Gefühl: Ich bin die Idealbesetzung für den idealen Job.

Ich wünsche Euch, den Dauerbrennerinnen und Dauerbrennern, dass Ihr nicht ausbrennt, Euch, den Hyperaktiven, Gelassenheit und Euch, den kirchlichen Betriebsnudeln, Kraft für jeden Tag. Ich wünsche Euch viele Momente guter Erfahrungen in Eurem Dienst und auch jene Momente, wo ihr tief berührt werdet von diesem Gott, der sicher seine Freude an Euch hat.

Eure Schwester Teresa

6. An alle christlichen Streithammel

Oh ja, von Eurer Sorte gibt es gar nicht wenige. An sich ist gegen Streiten ja nichts einzuwenden, denn wo Menschen zusammen kommen, da passiert es eben hin und wieder, dass man sich in die Haare kommt. Wo man sich liebt und gegenseitig achtet, darf man ruhig auch streiten. Richtig streiten zu können ist eine Kunst, und wie das so bei Künstlern ist: Sie sind meistens recht eigenwillig.

Es ist ein fataler Fehler zu meinen, dass wir in der Kirche nicht streiten dürften, weil da doch die Liebe regiert. Erstens ist das nicht der Fall und zweitens ist das Streiten notwendig, damit nicht ständig Dinge unter den Teppich gekehrt werden. Es gibt sogar wichtige Gründe zum Streiten: Wenn andere ungerecht behandelt werden, wenn die Liebe verletzt wird, wenn wir in Gefahr sind, etwas gegen Gott zu tun. Ich fürchte allerdings, dass wir Christen das nicht besonders gut können: streiten.

Aber richtig streiten kann man lernen. Wütend machen mich nur die „streitsüchtigen Christen", die es ständig darauf ankommen lassen. Euch, Ihr Streithammel, gilt mein Brief. Sorry, wenn er etwas heftiger ausfällt!

Dem Ärger muss man Luft machen; das ist gesund. Aber man kann auch das Gegenteil damit erreichen, wenn man von morgens bis abends nur noch nörgelt und alles mies macht. Damit macht man nicht nur sich selbst, sondern auch andere krank.

Das geht mir gegen den Strich. Ihr findet immer ein Haar

in der Suppe, natürlich dann auch das, was falsch läuft, in der Gemeinde. Euch kann man es nicht gut genug machen. Ihr seid die wahren Perfektionisten. Für Euch ist es quasi eine Frage der Ehre, dass Ihr permanent Unzufriedenheit markiert. Dafür lobt man Euch – Ihr seid dann die Kritischen, die mit den ganz hohen Standards! Ihr treibt Euch oft in den Gremien der Gemeinden herum, weniger um anzupacken, eher um zu stänkern. Vor und nach den Gottesdiensten seid Ihr mit Schimpfen und Lästern beschäftigt.

Echt cool, würden meine Kinder sagen. Und sie haben irgendwie Recht. Etwas Kaltes geht von Euch aus. Ihr sucht den Streit um jeden Preis; mit Euch ist nicht zu reden. Ich weiß nicht, ob Ihr in solchen Momenten vergesst, dass Ihr Christen seid und mit Christen redet. Was ist bloß los mit Euch, dass Ihr Euch und anderen alles verderbt? Wie kann das angehen, dass Ihr außerhalb Eures eigenen Denkens nichts anderes gelten lassen könnt. Euch ist nur eines heilig: Eure eigene Person. Wehe, wenn man da mal kratzt.

Es ist normal, dass jeden Tag Fehler in der Gemeinde gemacht werden. Ich finde das sogar prima. Wir sind nicht beim Bundesrechnungshof. Also: Der Organist darf sich verspielen, die Ministranten falsch laufen, der Pfarrer den Termin vergessen. Wir sind alle nur Menschen. Wie schön! Das Leben ist zu kurz, um sich an solchen Nebensächlichkeiten aufzuhängen. Und das tut Ihr nur zu gerne. Aber warum nur? Was gibt Euch das Recht, andere schlecht zu machen, bloßzustellen oder zu erniedrigen?

Ich halte das für eine Anmaßung und Rechthaberei. Jesus hatte für diese Geisteshaltung null-komma-null Verständnis. Sogar die Ehebrecherin nahm er vor den Kritikern in Schutz, ließ die Besserwisser ins Leere laufen. Auf Miesmacherei liegt kein Segen. Seine schlechte Laune einem anderen um die Ohren zu hauen, ist für mich Körperverletzung, besser gesagt „Seelenverletzung".

Sie geht meist von Menschen aus, die selbst verletzt sind. Bei meinen Vorträgen in den Gemeinden male ich manchmal ein Herz auf ein Blatt Papier und steche dann mit einem Stift von hinten durch das Papier hindurch. Ich frage die Leute dann, was wohl passiert, wenn ich mit einem solchen Herzen einem anderen begegne. „Ich verletze ihn auch". Viele bemerken nicht einmal, dass Sie mit einem solchen verwundeten und verwundenden Herzen herum laufen. So simpel das Bild auch sein mag, es ist plastisch und macht nachdenklich.

Ich glaube nicht, dass Ihr mit dieser Kritiksucht auf die Welt gekommen seid; vermutlich hat es irgendwann in Eurem Leben etwas gegeben, das Ihr einfach nicht verkraftet habt. Und da habe ich Mitleid, denn das Leben muss Euch tief enttäuscht haben. Das muss nicht in der Kirche passiert sein. Wenn es so wäre, tut es mir noch mehr leid und ich fühle mich mitverantwortlich, denn ich gehöre zu dieser Kirche. Wie gerne würde ich Euch trösten, die Ihr nicht aufhören könnt, anderen weh zu tun. Wie gerne würde ich Euch heilen, wenn ich es nur könnte. Aber ein verwundetes Herz kann man letztlich nur Gott hinhalten. Im Gebet löst sich so vieles. Vielleicht sogar lange zurückgehaltene Tränen.

Wie gerne würde ich Euch bitten, mit dem Nörgeln und Streiten aufzuhören. Ich bin häufig aber zu feige und zu schwach, jemand persönlich daraufhin anzusprechen. Es geht etwas von Euch aus, das mir Angst macht. Vielleicht ist das ein Fehler. Vielleicht habt Ihr genau soviel Angst, jemand könnte mit Euch über Eure Gefühle sprechen und darüber was Ihr mit Eurem Verhalten bei den anderen auslöst. Vielleicht habt Ihr Angst, weil Ihr Euch schon zu sehr in eine Richtung versteift habt; vielleicht könnt Ihr selbst nicht mehr heraus. Vielleicht lasst Ihr deshalb auch nichts „Positives" an Euch heran. Vielleicht ist Eure Sprache so kalt und vernichtend, so garstig und böse, weil niemand sich traut, den Panzer, den Ihr um Euer Herz gelegt habt, zu durchbrechen. Vielleicht ist das dann wie eine „Sucht" – die „Streitsucht".

Ich weiß nicht, wie man Euch helfen kann, Eure Unzufriedenheit über Gott und die Welt abzubauen. Eine Frau hat mir einmal nach einem Vortrag gesagt, dass sie sich jeden Abend bevor sie einschläft, sieben positive Ereignisse des Tages überlegt. Auch wenn der Tag noch so schwer oder belastend ist, es ist Ihr seitdem noch nie passiert, dass sie nicht positiv auf diesen Tag zurückschauen konnte.

Ich tue das auch gelegentlich, vor allem wenn es mir nicht gut geht. Ich bin dann immer wieder über die kleinen Wunder des Tages überrascht. Jeder Tag, den wir erleben dürfen, ist wie ein Wunder. Für mich ist es Undankbarkeit, es anders zu sehen.

Ich kann Euch nur bitten: Legt nicht dauernd etwas lahm

in Euren Gemeinden! Nährt in Euch die Achtung vor dem, was Gott unter Euch wachsen und blühen lassen will. Nehmt den Engagierten nicht die Kraft, die sie so dringend für ihren Dienst brauchen. Sie können nicht genug davon haben. Sie brauchen die Kraft, damit wirklich wichtige Probleme gelöst und Not gewendet werden kann.

Seid großzügig; legt nicht alles auf die Goldwaage. Darum möchte ich Euch zum Schluss bitten. Und ich spreche im Namen der vielen, die mutlos in den Gemeinden sind, weil sie an Euch nicht vorbeikommen.

Eure Schwester Teresa

7. Liebe Lebenskünstler,

auch Euch gibt es in unserer Kirche. Ihr fallt nicht gleich auf und bleibt für viele unbemerkt. Obgleich Ihr so viel Humor besitzt und überall anpackt, seid Ihr leise, sensibel und unaufdringlich. Was Euch ausmacht, ist eine bescheidene Zufriedenheit, ganz egal was geschieht. Ihr lebt die Kunst glücklich zu sein und habt mit denen nichts am Hut, die sich freiwillig durch alles und nichts unglücklich machen lassen. Während andere vor Wut schäumen, schüttelt Ihr bloß mit dem Kopf. Probleme sind für Euch dazu da, sie zu lösen – nicht dazu, sich von ihnen bestimmen zu lassen. Ihr seid eben Lebenskünstler und obendrein noch glücklich. Und so engagiert Ihr Euch auch in der Kirche!

Was ist Euer Geheimnis? Was hat das Leben Euch geschenkt, dass Ihr genießen könnt, ohne maßlos zu sein? Was habt Ihr für ein Vertrauen zu Gott, dass Ihr es nicht durch menschliche Unvollkommenheit und Schwäche erschüttern lasst? Ich glaube, in Euch wohnt ein Stück vom Paradies: Ein Frieden, ein „Schalom", der Euch sanft und dankbar macht. Kurz gesagt, Ihr habt eine Menge vom lieben Gott in Euch.

Ihr lebt die Kunst der kleinen Dinge. Ihr freut Euch an jedem noch so kleinen Wunder. Über das Lachen der Kinder, über einen guten Satz in der Predigt, über das Lächeln beim Friedensgruß, über die tolpatschigen Ministranten, über ein Wort in Eurem Gebetbuch, das Euch zum ersten Mal aufgegangen ist. Ihr freut Euch über die Blumen am

Altar und über die neue Musikanlage in den Jugendräumen, auch wenn Ihr sie nie zu hören bekommt. Ihr genießt die duftende Tasse Kaffee am Morgen, zündet eine Kerze an und sprecht ein dankbares Gebet für die unzähligen Kleinigkeiten, die jeder Tag schenkt.

Ihr lebt die Kunst der Dankbarkeit. Ihr vergesst nicht, das Wort „danke" bewusst auszusprechen, Ihr dankt denen, die mühevoll das Gemeindeblatt geschrieben, die Kirche geputzt oder mit der Band ein neues Lied für den Gemeindegottesdienst eingeübt haben. Ihr zwinkert Gott zu, wenn jemand Euch freundlich gegrüßt hat. Ihr seid sogar dankbar, wenn Ihr am Telefon schnell weiterverbunden oder beim Einkaufen vorgelassen werdet. Für Euch gibt es keine große Trennung zwischen Gott und der Welt, weil Ihr Gott in allen Dingen erkennen könnt.

Ihr lebt die Kunst des Genießens. Ihr könnt Euch in die leere Kirche setzen und lauschen und die Zeit vergessen. Ihr summt das Schlusslied des Gottesdienstes bis zu Eurer Haustür nach, Ihr staunt über die Geduld der Mütter und Väter, die sich mit mehreren Kindern in den Gottesdienst wagen, Ihr genießt es, dass Gott Euch am Abend ein gutes Tröpfchen Wein schenkt und gute Freunde, mit denen Ihr über Euer Glück sprechen könnt.

Ihr lebt die Kunst der Großzügigkeit. Ihr habt immer etwas für die Gemeinde übrig, vor allem Zeit zuzuhören, stehen zu bleiben, Eure Hilfe anzubieten. Ihr habt schon mitgedacht, bevor Ihr um einen Dienst gefragt wurdet; ihr habt Telefonate geführt und Wege erledigt. Ihr habt etwas für die Menschen übrig. Ihr seid sensibel für das Gute, das in der Gemeinde und Kirche geschieht und könnt Euch daran erfreuen. Ihr seid meine geheimen Vorbilder. Von Euch möchte ich lernen.

Wie geht Ihr nur mit all dem Frust in der Kirche um? Wahrscheinlich wisst Ihr, dass es normal ist, wenn Fehler gemacht werden und dass sie dazugehören. Die einzigen, die keine Fehler machen, liegen auf dem Friedhof! Ihr seid sogar überrascht, wenn etwas ohne Fehler abläuft. Das macht Euren Charme aus. Deshalb seid Ihr Lebenskünstler so unersetzlich in der Kirche. Wenn das eine nicht funktioniert, dann tut Ihr eben etwas anderes. Beharrlichkeit zeichnet Euch aus. Wichtiger ist für Euch, dass etwas Gutes geschieht, ganz gleich wessen Idee es war.

Wer nun meint, dass Ihr schon als „Sonnenschein" auf die Welt gekommen seid, könnte im Irrtum sein. Solche Sonnenkinder gibt es natürlich auch, aber sie sind die Ausnahme. Der Großteil der Glücklichen – das habe ich immer wieder erfahren – ist durch viele Prüfungen gegangen und hat bittere Zeiten durchstehen müssen. Die wahren Lebenskünstler sind gereift an den Schwierigkeiten und Belastungen, die das Leben für sie vorgesehen hatte.

Doch würde man sich täuschen, wenn man meint, solch glückliche Menschen könnte man nur unter den älteren Leuten finden. Keineswegs. Ich kenne ein wirklich liebenswertes dreizehnjähriges Mädchen, das seit vielen Jahren schon mit einem Korsett herumlaufen muss, Operationen über sich ergehen lässt, ständig Hänseleien durch Mitschüler zu ertragen hat und trotzdem zufriedener und ausgeglichener ist, als die meisten ihrer Altersgenossen. Sie kann sich an so vielen Dingen freuen, die für andere unbedeutend sind. In ihren Augen sieht man das Glück, das sie aus allem saugt, was ihr das Leben schenkt. Von außen gesehen, ist es wenig genug. Doch was wissen wir vom Glück? Ich kenne Leute mit dickem Bankkonto, die alles geben würden, wüssten sie nur, wie man einen Bruchteil der Zufriedenheit erlangt, die dieses kleine Mädchen ausstrahlt.

Ob ich selbst solch eine Glückliche bin, vielleicht sogar eine Lebenskünstlerin? Ich mancher Hinsicht denk ich schon. Jedenfalls stellen wir oft in unserer Gemeinschaft fest, wie glücklich wir miteinander sind. Da gibt es so viele Momente, in denen diese innere Zufriedenheit spürbar wird. Und doch fehlt mir dazu noch ein großes Stück Gelassenheit, um nicht so schnell aufzubrausen. Ich bin ein mutiger Feigling, auch wenn ich vieles in meiner Kirche anstelle und ausprobiere. Ich habe schon einiges abbekommen, und doch erkenne ich den Weg, wie ich eine glückliche Lebenskünstlerin werde. Ja, ich bin in meiner Kirche glücklich und mein Leben ist mein Hobby, meine Arbeit gehört zu meinem Leben. Ich glaube, dass man „glücklich sein" lernen kann, und das möchte ich jeden Tag ein bisschen besser machen. Ich mache es mit dem Glück wie mit Mathe in der Schule: Ich spicke, schaue es mir ab von zufriedenen Menschen.

Manchmal helfen einem andere Liebhaber des Lebens. Ich finde meine Meister, wenn mich einer aufmerksam macht, was für eine verborgene Schönheit im unansehnlichsten Menschen wohnt. Ich lasse mir zeigen, dass ein verregneter Sonntag in einer Familie nicht zum Debakel werden muss. Das ausgefallene Picknick lässt sich ebenso im Wohnzimmer auf dem Boden nachholen und eine große, gemeinsam gebastelte Sonne lässt sich leicht am Schrank aufhängen. So viele Kleinigkeiten haben ihren Zauber, wenn ich ihn entdecken will. Wer am Abend im Bett liegt und sich fünf, sieben oder zehn Kostbarkeiten des Tages einfallen lässt, ist auf dem besten Weg ein glücklicher Mensch zu werden.

Meine zehn Kostbarkeiten heute? Mit meiner Lieblingsmusik – der „Nussknacker-Suite" von Tschaikowskij – geduscht; die Bibelstelle, wie Jesus über dem Wasser ging, ganz neu gelesen; Erich Zabel bei einem Etappensieg bei der Tour de France beobachtet; den Nachmittagskaffee mit meiner Mitschwester genossen, die ihn mit einer Prise Kardamon verfeinert hat – lecker!; den Schulschlussgottesdienst mit einer schönen Idee vorbereitet; meinen Brief an die „Lebenskünstler" begonnen; den erwarteten Brief eines Models mit ihren Fotos erhalten, den ich für den nächsten Go X, einen modernen Gottesdienst, brauche; eine Prise Sonne getankt; eine ganz saftige Nektarine gegessen; mit meinem Chor zwei Stunden Lieder zum Lob Gottes gesungen; mit meiner Mama telefoniert, die wirklich behauptet hat, dass sie mich liebt; in der Bistumszeitung ein Foto von meinem Kinderchor entdeckt. Dafür bin ich heute dankbar und zusätzlich habe ich Gott zu danken, für eine Begegnung mit einem schwierigen Menschen, die ich heil überstanden habe; für jede kleine Ablenkung beim Schreiben; für das gute Essen, das uns heute bereitet wurde. Die Glücklichen brauchen keine Tipps zum Danken, sie finden jeden Tag genügend Stoff dazu.

Genießen kann man lernen: Sich selbst mit einer Feder kitzeln; eine Erdbeere kauen und dabei Sekt schlürfen; nach Jahren mal wieder ein Gänseblümchen betrachten; an die gefeierten Feste in der Gemeinde zurückdenken; sich den Wind ins Gesicht blasen lassen und sich freuen, wenn andere es auch schön haben. Und Großzügigkeit kann man auch lernen. Nicht beim Gespräch auf die Uhr schauen; einen Fehler im Gottesdienst gelassen übersehen; die Gäste nicht eine Stunde an einem einzigen Gläschen Wein nippen lassen; beim Auto fahren jemand aus der Seitenstraße vorlassen; sich in seiner Wohnung umschauen und Gott danken, für all das was man sich erarbeiten konnte.

Von Euch Lebenskünstlern, die Ihr das alles, was ich mir mühsam antrainiere, schon aus dem Effeff beherrscht, können wir sehr viel lernen, vor allem, sich selbst nicht zu wichtig zu nehmen. Wenn es nur noch mehr von Euch in unserer Kirche gäbe, und weniger Unzufriedene. Danke Euch allen, die Ihr Euer Glück mit anderen teilt.

Eure Schwester Teresa

8. Hallo Kids,

Euch gilt mein liebster Brief, denn ich liebe Menschen, die zwischen 20 und 120 Zentimeter groß sind. Natürlich auch alle anderen, aber von Euch lerne ich am meisten. Was ich lerne? Wie bunt und tief, einfallsreich und aufregend der Glaube sein kann. Ihr fordert mich immer wieder heraus. Mit Euren Fragen, aber noch mehr mit der Weisheit Eurer Antworten. Es ist Weisheit, wenn man ganz viel weiß, das einem niemand gesagt hat, nur das eigene Herz oder der liebe Gott. Ihr wisst ja gar nicht wie sehr Euch die Kirche braucht.

Das glaubt Ihr nicht? Jesus hat selbst gesagt, dass die Kinder zu ihm kommen sollen, und dass sie niemand daran hindern darf. Sonst bekommen sie mächtigen Ärger mit dem Sohn Gottes. Und der ist der Boss. Also, ich möchte auf keinem Fall Ärger mit Jesus bekommen. Ich möchte, dass Ihr alle kommt. Die kleinen und großen Kinder, die dicken und die dünnen, die, die nicht still sitzen können und die, die sich nicht zu rühren wagen, die, die immer losreden und die, die sich nie etwas zu sagen trauen. Ihr alle seid eingeladen, meinen Brief zu lesen oder Euch durch jemanden, der Euch lieb hat, vorlesen zu lassen. Ich möchte Euch nämlich eine Geschichte erzählen:

„Es lebten einmal ganz viele Erwachsene in einer Gemeinde. Jeden Sonntag trafen sie sich in der Kirche und feierten ihren Gottesdienst. Das machte sie sehr froh. Nach einer langen Zeit merkten sie erst, wie einsam sie waren; denn es war kein Kind bei diesen Feiern dabei. Die Predigten, die der Pfarrer hielt, waren sehr schlau, aber die Erwachsenen verstanden nicht alles, was der Pfarrer sagte und konnten deswegen auch nicht viel davon für Ihren Alltag gebrauchen. Und so geschah es, dass einer nach dem anderen am Sonntag wegblieb. Sie wollten lieber zu Hause sein, denn dort war mehr Leben. Dort waren ihre Kinder. Sie liebten ihre Kinder und spielten gerne mit ihnen. Jedes Kind stellte so viele Fragen, dass das Leben so interessant wurde, und die Erwachsenen rundum beschäftigt waren, Antworten für die Kinder zu finden. Das war ganz schön spannend und die Eltern kamen völlig aus der Puste.

Eines Tages fragte ein Kind seinen Vater: „Warum gehen wir nicht in dieses große Haus, aus dem Musik kommt, das so unheimlich gut duftet und in dem es etwas zu essen gibt?" Der Vater war ganz verblüfft. „Du meinst unsere Kirche?", sagte der Vater. „Ja", sagte das Kind. „Ach weißt Du, da ist nichts los", meinte der Vater. „Wohnt da nicht der liebe Gott?", fragte das Kind. „Ja", sagte der Vater, „dort wohnt er auch". „Und warum nimmst Du mich nicht mal mit, damit ich den lieben Gott auch mal sehen kann?", fragte das Kind. „Oh je", dachte der Vater, „wie erkläre ich meinem Kind, dass man Gott gar nicht sehen kann. Und überhaupt, warum will dieses verrückte Kind dorthin, wo gar nichts los ist? Außerdem war ich selbst schon lange nicht mehr in der Kirche!"

Das Kind gab nicht nach und jeden Tag fing es an, nach dem lieben Gott zu fragen. Was Gott jeden Tag isst, was er am liebsten im Fernsehen anschaut, ob Gott „Pokemon" mag oder lieber „Digimon" und ob er eine Frau hat. Langsam hatte der Vater genug, ihm war schon ganz schwindelig von all den Fragen und so beschloss er, das Kind am nächsten Sonntag mit in den Gottesdienst zu nehmen. Eigentlich war ihm schon ziemlich bange davor, denn was würden die anderen Erwachsenen dazu sagen? Und was würde passieren, wenn das Kind nicht aufhörte Fragen zu stellen. Und wenn es den Gottesdienst womöglich stören würde?

Ganz unruhig war er, als er das Gotteshaus betrat. Er war schon so lange nicht mehr dort gewesen, sodass er sich richtig fremd fühlte. Und die Leute waren auch nicht mehr dieselben, die er von früher kannte. Es wurde dem Vater so richtig unheimlich. Da löste sich die Hand seines Kindes aus seiner Hand. „Da vorne ist Meike", rief das Kind, und weg war es. Es war in den ersten Bänken der Kirche verschwunden. Der Vater war ganz baff. Er setzte sich auf einen freien Platz hinten in der Kirche. Alle anderen mussten weiter rücken, damit er bequem sitzen konnte. Das war ihm ganz unangenehm. Die Leute lächelten ihm ganz freundlich zu. Das war er von früher auch nicht gewohnt. Damals war alles etwas steifer. Kaum hatte der Gottesdienst begonnen, merkte er, dass ganz andere Lieder als früher gespielt wurden. Sie waren nicht nur sehr rhythmisch, sondern die Lieder hatten richtig Pep, die waren echt spitze. Die Kinder klatschten mit, sogar ein paar Erwachsene. Das überraschte den Vater, aber er traute sich nicht mitzuklatschen. Er wurde später sogar ein bisschen rot, als die Predigt von Kindern gespielt wurde: zum ersten Mal verstand er, was Jesus mit dieser Bibelstelle den Leuten sagen wollte.

Und plötzlich war sein Kind ganz nach vorne gegangen und hatte ein Teelicht zu den Fürbitten zum Altar getragen. Es wäre fast an der ersten Stufe gestolpert, da zuckte der Vater zusammen. Zum Gebet „Vater unser" wurden die Kinder sogar an den Altar geholt und tanzten mit dem Pfarrer.

„Ja, bin ich denn im richtigen Film?", dachte der Vater und kam aus dem Staunen gar nicht mehr heraus. Das war ja ein ganz anderer Gottesdienst, ein Gottesdienst, wie er ihn vorher noch nie gefeiert hatte. Da war Musik, Tiefe und Leben. Die Lieder waren richtige Ohrwürmer. Die ganze Predigt war für Kinder ganz leicht verständlich. Heimlich dachte der Vater: „Das ist die erste Predigt, die ich selbst kapiert habe." Aber das verriet er dem Kind nicht. Er wollte sich ja nicht blamieren. Und das Beste an diesem Gottesdienst war, dass er richtig Spaß machte. Als alles zu Ende war, stand der Pfarrer an der Tür und gab dem Vater die Hand. Da plötzlich erwachte der Vater in seinem Bett. Er hatte alles nur geträumt."

Liebe Kinder, diese „Traumgeschichte" die ich für Euch geschrieben habe, ist in vielen Gemeinden kein Traum mehr. So etwas gibt es und dafür sorgen ganz viele begabte und frohe Menschen, die Jesus sehr, sehr lieb haben. Und aus dieser Liebe heraus, haben sie ein großes Herz für Euch Kinder. Sie passen auf Euch auf wie gute Hirten, weil sie wissen, dass Ihr ganz kostbar seid. Sie denken sich immer wieder etwas Neues aus, damit Ihr Jesus kennen lernen könnt. Manchmal grübeln sie Tag und Nacht, um für Euch einen tollen und frohen Gottesdienst zu gestalten. Und stellt Euch vor, vielen Eltern macht ein solcher Gottesdienst sehr viel Spaß. Wenn Eure Gemeinde schon einen solchen Kindergottesdienst feiert, dann könnt Ihr mächtig stolz darauf sein. Die hat dann auf das Wort von Jesus gehört. Und wenn in Eurer Gemeinde noch kein Gottesdienst ist, der für Euch gemacht ist, dann fangt doch auch mal an, bei Euren Eltern nach dem lieben Gott zu fragen. Oder geht mal zu Eurem Pfarrer und fragt ihn. Der wird ganz schön gucken, wenn Ihr zu ihm kommt, um ihn danach zu fragen. Aber eines müsst Ihr dann noch tun. Ihr müsst dem Pfarrer helfen und Eure Ideen einbringen, damit er einen tollen Gottesdienst für Euch machen kann, selbstverständlich auch selbst regelmäßig kommen. Wenn ihm dann noch ein paar Eltern helfen, dann könnt Ihr Euch alle gemeinsam auf einen ganz spannenden Weg miteinander freuen.

Diesen Weg nennt man Glauben. Und auf diesem Weg könnt Ihr eine Menge Abenteuer erleben. Ich spreche da aus einer ganz großen Erfahrung. Ich feiere nämlich schon lange bunte Kindergottesdienste und habe dabei auch eine ganze Menge von Kindern gelernt, wie ich Euch ja am Anfang meines Briefes geschrieben habe.

Nun wäre es schön, wenn Ihr mir auch von Euren Erfahrungen mit dem lieben Gott, der Kirche oder Euren Gottesdiensten schreiben würdet. Also, helft mit, damit unsere Kirche ganz schön bunt und lebendig und froh sein kann. Und Ihr und ich, wir beten dann ganz heimlich dafür, dass ganz viele Mamas und Papas und Omas und Opas so schöne Träume haben und in den Gottesdienst kommen.

Eure Schwester Teresa

9. Liebe Geschiedene,

unmittelbar nachdem wir einen Gottesdienst zum Thema „Geschieden – Wiederverheiratet?" gefeiert haben, möchte ich Euch schreiben, noch ganz benommen von der Problematik. Meine Seele ist noch ganz aufgewühlt. Wenn nicht gerade in unserem nächsten Bekanntenkreis eine Ehe zerbrochen wäre, und ich nicht in diese Tragik mit hineingezogen worden wäre, könnte ich Euch vielleicht mit größerem innerem Abstand schreiben. Wahrscheinlich wäre ich dann ganz schön überlegen, wüsste kirchliche und theologische Konsequenzen zu deuten, könnte Euch gut gemeinte, im Grunde jedoch ahnungslose Ratschläge geben und versuchen als Nichtbetroffene mit Euch zu leiden, aber Ihr würdet Euch gleich abwenden.

Ich habe zwar nur einen kleinen Hauch einer Ahnung mitbekommen, welch schmerzhafte Erfahrungen und innere Not hinter einer Trennung steht, aber ich bin doch maßlos betroffen. Es ist kaum zu glauben, welchem Gerede die Betroffenen ausgesetzt sind. Wie leicht werden Fehler und Versagen durch Außenstehende zur Sprache gebracht, die dabei nicht einmal merken, wie sehr ihre Rat-Schläge verletzen. Und dann sind da noch diejenigen, die schweigen, weil sie sich überfordert fühlen, wo ein aufmunterndes Wort durch sie notwendig wäre. Und schließlich gibt es noch die ganz besondere Sorte, die so tut, als wäre in Ihrem Leben noch nie etwas danebengegangen.

Ich bilde mir nicht ein, Euch einen Rat geben zu können.

Das wäre überheblich und unangebracht. Ich möchte Euch schreiben, damit diejenigen, die in unseren Gemeinden und meiner Kirche diesen Brief lesen, sich mehr mit diesem Thema auseinandersetzen. Bitte vergebt mir, wenn meine Worte zu schwach sind, aber sie kommen von Herzen.

Ich wünschte mir nämlich, dass wir über das Scheitern anderer in der Kirche so reden, dass diese gelähmten Menschen nicht noch eins drauf kriegen, im Gegenteil: Ihnen sollen wieder Flügel wachsen. Scheitern gehört zum menschlichen Leben. Beziehungen, Träume, Lebenspläne können an die Wand fahren, mit oder ohne Schuld – bei jedem Menschen, an jedem Tag, auf jedem Niveau. Wir sind Menschen, keine Roboter! Alle bauen wir Mist. Niemand ist vor Fehlern gefeit. Wer sagt, er sei noch nie gescheitert, ist ein Lügner oder ein Vollidiot. War nicht selbst Jesus am Kreuz ein Gescheiterter?

Leider spreche ich da ein dunkles Kapitel der Kirche an. Wir reden jeden Tag über Sünde und Schuld, und dass den Menschen vergeben wird, was immer sie auf dem Kerbholz haben. Aber wehe, es kommt einer, der wirklich ein Stück Geschichte hinter sich hat, sagen wir: Ein Ex-Alkoholiker, oder ein Priester, der geheiratet hat, oder eine geschiedene Frau, die wieder mit einem Mann zusammen ist. Haben diese Leute wirklich eine Chance, bei uns neu anzufangen? Oder sind sie fortan Gezeichnete? Christen oder Kirchenleute zweiter Klasse? Ich fürchte: Genau so ist es.

Ich halte das für einen Skandal. Gescheiterte sind immer noch von Gott Geliebte, oder ich gebe meinen Schein zurück. Keine Angst, ich habe Jesus im Rücken. Wenn ein Gescheiterter in unsere Gemeinden kommt und die Leute dort machen, was alle machen (nämlich: draufhauen, Flügel stutzen!), können sie sich auf alles berufen, nur nicht auf Jesus. Der würde ihnen in die Parade fahren, dass es kracht! Wenn ein Gescheiterter zu uns kommt, dann bitte: Verleiht ihm Flügel!

Das Dumme ist, dass die Kirche das nie so richtig rüber gebracht hat. Wie oft hat sie nicht Leute unter Druck gesetzt, ihnen ein schlechtes Gewissen gemacht! Wie oft hat sie nicht Schuld als Machtmittel benutzt, um sich die Leute klein und gefügig zu halten! Leider gibt es noch genügend solche Verkündiger. Die Kirche hat ein Ort zu sein, wo man über seine Schwächen reden kann, ohne gleich fertig gemacht zu werden. Sie hat ein Ort zu sein, wo weniger gefragt wird, was der Einzelne nun wieder verbockt hat, statt darüber zu reden, welche Zukunft uns Gott auch über unser Scheitern hinweg eröffnen kann.

So jedenfalls hat es Jesus praktiziert. Er ist aufregend milde mit Sündern umgegangen. Um es gleich vorweg zu nehmen: Natürlich kann eine Scheidung Sünde sein, aber es muss nicht der Fall sein. Viele Geschiedene sind einfach Weggeschiedene, Menschen, die verlassen und im Stich gelassen wurden. Das nur am Rand. Aber selbst dann, wenn etwas schuldhaft in die Brüche gegangen ist, gilt das Modell Jesu im Umgang mit den Gescheiterten. Er war ihnen nahe, ohne sie zu verurteilen, auszuschließen oder permanente Ursachenforschung zu betreiben. Er sah, dass sie mit ihrem Versagen schon genug konfrontiert waren, so dass er sie nicht auch noch bloßstellen wollte. Er hat sie vielleicht ernst, aber sicher verständnisvoll, also liebevoll angeschaut. Er hat das Schicksal der Menschen ernst genommen, aber nie als persönliche Schuld oder Strafe Gottes gedeutet: Damit hat er die Menschen entlastet und wieder aufgerichtet. Weil Jesus sie mit seiner göttlichen Liebe angeschaut hat, konnten sie sich auch selbst wieder in die Augen schauen und sich sehen lassen. Er hat im Menschen immer mehr gesehen als nur das Scheitern.

Wie viel gütiger müssten wir als Kirche und Gemeinde sein, wenn Jesus unser Herr ist. Da darf es so etwas gar nicht geben, dass wir einfach Richter spielen, Gescheiterte schief ansehen oder sie mit Vorwürfen und Gehässigkeiten steinigen. Die Kirche hat die Verpflichtung, ein Ort des Erbarmens zu sein, sonst hätte Gott nicht Mensch werden brauchen. Für einen solchen Ort möchte ich immer eintreten und die ermutigen, die sich in der Kirche „draußen" fühlen.

Schon oft durfte ich erleben, wie Menschen von ihrem gescheiterten Lebensweg sprachen, der sie mitten in den Glauben führte. Ich habe so viel Demut und Aufrichtigkeit gefunden, dass es mich immer wieder beschämte. Bis ins kleinste Detail berichteten diese Menschen über ihr Versagen – ganz frei und ehrlich. Sie erzählten vom ihrem Selbstbetrug, sprachen von den vielen Abgründen, die sie durchschritten haben, den vielen Lügen, in die sie verstrickt waren, sprachen so, dass es mir manchmal die Luft weg nahm. Ihre Aufrichtigkeit schlug dann meistens in Begeisterung um, wenn sie davon berichteten, wie Gott oder Jesus sie aus all dem Schlamassel gerettet hat. In der Begegnung mit ihm, fühlten sie sich angenommen, wurden sie innerlich geheilt, spürten sie, wie ihnen ihr Scheitern und ihre Schuld von den Schultern genommen wurde, und wie sie von diesem Moment an frei leben konnten.

„Wow!", dachte ich, diese Menschen sind wirklich frei! Ich bewunderte ihre grenzenlose Wahrhaftigkeit. Ja, es schien mir immer, als wäre ihr Scheitern ihnen zum Segen geworden. Als hätte es so passieren müssen, um jetzt so überzeugend leben zu können.

Aber wie kann das Scheitern der Ehe zum Segen und Neubeginn werden?

Wisst Ihr, wie oft ich schon gescheitert bin, wie oft ich schon versagt habe und schuldig geworden bin? Sehr oft. Glaubt mir: Ich habe Gott schon so oft enttäuscht, in unserer Beziehung kriselt es auch, vor allem in meiner Treue zu ihm und zu dem Wort, das ich Ihm in der Nachfolge gegeben habe. Ihr seid also wirklich nicht die Einzigen, im Gegenteil: In der Kirche seid Ihr als Gescheiterte in guter Gesellschaft. In allen Rängen finden sich in der Kirche Gescheiterte, Unvollkommene und Sünder. Und noch etwas (Ich habe es von einem Theologen gehört): Wenn eine Ehe zerbricht, dann ist nicht zuerst die Person gescheitert, sondern der gemeinsame Lebensplan ist zerbrochen.

Ich habe das in diesen Wochen so hautnah erleben müssen. Ich könnte das Scheitern dieser Ehe mit einem einzigen

Wort umschreiben: „Enttäuschung". Auf einen Schlag tritt die ganze nackte Wahrheit ans Tageslicht. Die Täuschung in der man gelebt hat, zeigt ihr wahres Gesicht. All das, was man sich selbst oder gegenseitig vorgemacht hat, bricht zusammen. Eine Enttäuschung auf der ganzen Linie: erst einmal die Enttäuschung durch den Partner. Was auch immer der Grund für die Trennung war – es gibt ein Gegenüber, der nicht das gehalten hat, was man sich von ihm versprochen hat oder was er vor dem Altar versprochen hat, nämlich in guten wie in bösen Tagen die gemeinsamen Probleme in Liebe zu lösen.

Stattdessen vielleicht unzählige Stunden und Nächte des Streitens, in denen man sich Dinge an den Kopf geworfen hat, die man nie für möglich gehalten hatte. Verletzung über Verletzung. Da fühlte man sich vernachlässigt oder betrogen. Da hat sich der andere verändert, und man hat diese Veränderung nicht bemerkt oder konnte sie nicht einordnen und mit Ihr zurechtkommen. Das ist sehr bitter. Dazu kam die Enttäuschung der Familie und der gemeinsamen Freunde. Plötzlich wird man mit Vorwürfen konfrontiert, muss sich rechtfertigen, muss sich überflüssige Ratschläge anhören und auch noch zusätzlich die Enttäuschung der anderen oder gar Ihre Beschimpfungen ertragen. Da sieht man die ängstlichen Blicke der Kinder. Man spürt die Ablehnung und seine eigene Ohnmacht angesichts des Verlustes. Der Freundeskreis löst sich auf, viele gehen auf Distanz. Man zieht sich selbst zurück und flüchtet in die Einsamkeit.

Es bleibt einem nichts erspart, auch nicht, dass man ins Gerede kommt. Es geht ja eigentlich niemanden etwas an. Und doch reden jetzt alle darüber – und wie sie reden. Das hätte man sich ja denken können, dass es Schuldzuweisungen von allen Seiten hagelt, nicht zuletzt von der über die Kirche. Nun ist es also passiert: Ehebruch nennt das die Kirche. Als ob sie wüsste, was damit alles in die Brüche ging!

So steht am Ende die letzte Enttäuschung, nämlich die über sich selbst. Jetzt gehört man auch zu diesem viel zitierten Drittel der Gesellschaft. Selbstvorwürfe quälen, vielleicht hätte es verhindert werden können. Es ist mehr als nur peinlich und belastet das Gewissen. Wie erkläre ich das den Kindern, wie verkraften sie alles? Am besten, man isoliert sich, weil alle sowieso nur schlecht über einen denken und reden. In der Anonymität der Großstädte gibt es weniger das Problem mit der spitzzüngigen Nachbarschaft. Dort fühlt man sich sehr einsam und isoliert und glaubt nicht, dass ein Außenstehender das überhaupt nachfühlen kann.

Ich möchte ja auch nur etwas andeuten von den tiefen Enttäuschungen, die Ihr erlebt habt. Ihr könntet natürlich noch viel mehr erzählen. Vor allem die Wiederverheirateten unter Euch. Ich habe Euch deshalb einen eigenen Brief gewidmet. Wie habt Ihr das alles ertragen können? Wie seid Ihr damit fertig geworden? Wird man jemals damit fertig?

Ich staune schon über die Berichte in den Medien. Wie locker es da bei Schauspielern und Popstars herzugehen scheint, die zweimal, dreimal oder noch öfter verheiratet waren oder sind. Mit welcher Leichtigkeit es sich dort liest: Zum vierten Mal verheiratet, wie zum Beispiel unser jetziger Bundeskanzler. Wenn man nicht nur eine, sondern schon mehrere Beziehungen hintereinander einfach für beendet erklärt. Ich staune darüber, es klingt alles schon so normal in unserer Gesellschaft, dass man darüber zur Tagesordnung hinweggeht. Aber es ist nicht normal, sondern traurig. Ich fühle mich selbst ohnmächtig, weil unsere Kirche keine sichtbaren Schritte aufzeigt, um den Menschen zu helfen. Sie müsste das Scheitern als Teil des menschlichen und christlichen Lebens akzeptieren und neue Wege der Umkehr und Eingliederung bejahen. Leider glauben viele Betroffene, wenn man erst geschieden ist, will die Kirche nichts mehr von einem wissen. Doch wer ist in diesem Moment die Kirche? Das sind die Menschen einer Gemeinde und der Pfarrer vor Ort. Das sind die ersten Bezugspersonen. Hier entscheidet sich, ob sich ein Mensch als abgelehnt und „draußen" empfindet. Es hängt davon ab, wie viele Leute einer Gemeinde sich an den Gerüchten beteiligen, wie viele den Betroffenen aus dem Weg gehen, statt echtes Mitfühlen zu signalisieren, statt miteinander zu beten, damit Wege der Bewältigung gemeinsam gesucht und gefunden werden können. Wenn wir ein Auswandern aus unseren Kirchen beobachten, dann ist es nun mal auch eine Tatsache, dass viele nicht nur weggehen, weil sie von Kirche nichts mehr wissen wollen, sondern weil sie vielleicht bei einem Scheitern ihrer Ehe den nicht unbegründeten Verdacht haben, dass sie nach dem Verhalten vieler zu schließen, nicht mehr richtig dazu gehören. Ist das bei Euch auch so? Wer läuft Euch nach? Wer schenkt Euch Respekt und Akzeptanz und Würde, trotz des Scheiterns?

Auch wenn wir als Kirche es Euch nicht glaubwürdig machen, weiß ich etwas ganz sicher:

Gottes Liebesbeziehung mit Euch ist nicht beendet. Er sucht Euch und wartet auf Euch. Gott gibt immer eine zweite Chance. Natürlich kann er das Scheitern der Ehe und all den schweren Erfahrungen, die das mit sich gebracht hat, nicht ungeschehen machen, aber er kann und wird auch diese Wunden heilen. Er kann zur Aussöhnung führen, mit dem eigenen Lebensschicksal, mit dem Anteil der eigenen Schuld, mit dem verlorenen Partner, den Kindern, dem Umfeld. Heilung dauert und Versöhnung ist die größte Herausforderung dabei. Er kann Euch befreien. Und wir als Kirche sind verpflichtet, Euch diesen Weg der Versöhnung zu ermöglichen. Bitte lasst in Eurem Herzen nicht diesen Zweifel wuchern, dass Gott Euch nicht lieben würde. Gebt auch IHM ein neue Chance, Euch diese Liebe zu zeigen. Lasst Euch wieder Flügel wachsen! Ich bete zu Gott, dass das Bodenpersonal Gottes Euch zu verstehen geben kann, dass Ihr noch immer dazugehört, durch Mitchristen und Seelsorger, die ein offenes Ohr für Euch haben. Vielleicht auch dadurch, dass Ihr wieder in der Bibel lest, denn da erfahrt Ihr, wie sehr Gott die Gescheiterten liebt, dass er seinen einzigen Sohn Jesus auf die Erde gesandt hat, damit sich kein Mensch mehr verloren fühlt. Vielleicht traut Ihr Euch einfach mal wieder in die Kirche, auch wenn keiner da ist. Seine Tür ist immer für Euch offen.

Ich wünsche Euch, dass Ihr wieder fliegen lernt, weil Ihr Eure ganze Last bei Jesus abgeladen habt. Er wird Euch seine Freundschaft spüren lassen, wenn Ihr sie sucht.

Eure Schwester Teresa

10. Liebe Wiederverheiratete,

alles was ich den Geschiedenen geschrieben habe, gilt natürlich auch Euch. Dieser Brief ist ein Fortsetzung an alle, die ihren weiteren Weg in einer neuen Beziehung gefunden haben. Natürlich hättet Ihr ja nach der Scheidung alleine weiter leben können und müssen, so meint meine Kirche. Dann könntet Ihr weiter zu den Sakramenten gehen, und alles wäre in bester Ordnung – zumindest kirchenrechtlich. Warum ich das so überspitzt schreibe? Weil das eben für Millionen geschiedener Mitchristen in unserer Kirche keine Lösung ist. Alleine zu leben, alleine die Kinder großzuziehen und den Lebensabend vielleicht fünfzig Jahre lang alleine zu erleben, ist eine unmenschliche Buße. Ich weiß aber auch, dass unsere Kirche hier in einem Dilemma steckt, und dass etliche Theologen und Bischöfe nach Lösungen suchen.

Und wie geht es Euch dabei? Vielleicht fühlt Ihr Euch so, wie eine Frau zu mir sagte: als „Objekte, an denen rumgedoktert wird". Vielleicht habt Ihr das Thema „Kirche" einfach auch schon abgehackt. Dafür habt Ihr einfach zu viel mitgemacht. Vielleicht könnt Ihr von diesem Haus, das Euch Heimat war, aber auch nicht lassen und tragt die Sehnsucht nach Jesus in Euch. Ihr ertragt es nicht mehr, beim Kommunionempfang der Gläubigen in den Bänken sitzen bleiben zu müssen, weil Euer Glaube durch alle Prüfungen reifer, ehrlicher und tiefer geworden ist. Vielleicht habt Ihr einfach nur eine ungeheure Wut in Euch und versteht nicht, warum das Scheitern in einer Beziehung Euch für immer von den Sakramenten trennt, wo doch die Kirche einen gütigen Vater im Himmel verkündet. Ich habe diese Wut in mir gespürt, als ich in meinem Bekanntenkreis das Drama einer Scheidung miterleben musste. Ich habe mich informiert und nachgelesen, welche Lösungen die Kirche für Wiederverheiratete anbietet und das hat mich noch wütender gemacht. Ich kann es einfach nicht verstehen, dass Mörder, die vielleicht bereut haben und Buße getan haben, wieder aufgenommen werden und Menschen, deren Beziehung zerstört wurde, für immer gebrandmarkt sein sollen. Aber gut, eines nach dem anderen.

Es ist nicht so, dass ich es nicht erst einmal nach einer Scheidung für notwendig hielte, alleine zu leben, um Abstand zu gewinnen. Jeder Betroffene braucht wohl einfach Zeit, mit all den Verletzungen und „Ent-Täuschungen" fertig zu werden. Alleine sein Leben meistern zu lernen, darin steckt eine riesengroße Chance, selbständiger, und selbstsicherer zu werden, statt gleich in eine neue Beziehung zu flüchten. Zu schnell schlittert man oft in neue Probleme hinein. Die Seele braucht Heilung und muss wieder die verlorenen inneren Kräfte sammeln. Vieles muss aufgearbeitet werden, der alltägliche Ablauf neu geregelt werden. Das alles braucht Zeit. Eine Zeit, die für manchen wirklich ein hoffnungsvoller Neubeginn sein kann.

Manche waren vielleicht noch nie auf sich selbst gestellt und wissen nicht um den Reichtum einer solchen Freiheit. Aber das ist leicht gesagt, wenn Kinder da sind und versorgt werden müssen. Oft haben Betroffene gar keine Zeit zur notwendigen Aufarbeitung oder Trauerarbeit. Die Kinder brauchen genauso Zeit und Hilfe, um mit der Trennung fertig zu werden und bleiben oft dann doch auf der Strecke. All diese Verantwortung lastet doppelt auf einer Person. Ich kann mir gut vorstellen, dass einem das alles über den Kopf wächst und dass man am Ende ist.

Und dann geschieht womöglich dieses Wunder der Liebe, dass Ihr einen neuen Partner findet, der Euch Halt und Zuwendung schenkt. Der Euch so annimmt, wie Ihr seid und Euch dann die Liebe entgegenbringt, die Ihr schon lange vermisst habt. Das Glück einer neuen, belebenden und hoffnungsreichen Beziehung wird Euch zuteil; Ihr seid erneut verliebt und taucht aus dem Schattendasein auf. Vielleicht habt Ihr schon gar nicht mehr an ein solches Glück geglaubt. Wenn Euch das passiert, dann bin ich sicher, dass es ein Zeichen von Gott ist. Er selbst ist die Fülle der Liebe und wenn er Euch diese zweite Liebe schenkt, dann bin ich sicher, dass er Euch damit entgegenkommen will. Eine solche Liebe erneut zu erfahren, ist ein neu geschenktes Leben und es wird viele Wunden heilen. Sich von einem Menschen mit seiner Lebensgeschichte angenommen zu wissen, verändert ein Leben und bringt Freude und Frieden. Es schafft die Voraussetzungen, damit Ihr den entscheidenden Schritt tun könnt für eine glückliche und gesegnete Zukunft: Ihr müsst Euch versöhnen mit der Vergangenheit und den Menschen, die durch Eure Trennung betroffen und verletzt wurden. Dies ist eine irrsinnige Herausforderung an Euch.

Vielleicht erfahrt Ihr dabei, dass Ihr selbst die Kraft dafür nicht aufbringt, oder dass andere Euch nicht verzeihen können. Was zählt, ist das ehrliche Bemühen um Versöhnung, und dass Ihr das auch signalisiert. Gott ist ein Spezialist in Sachen Versöhnung. Er ist es gewohnt, dass ihn Menschen enttäuschen und ablehnen, doch hält er immer eine Tür für den offen, der zu ihm zurückkehrt. Er hat Geduld und kann alle Zeit der Welt dafür aufbringen, weil er nach dem Glück seiner Geschöpfe dürstet. Er liebt uns so ungeheuerlich und absolut voraussetzungslos, dass er nicht von uns lassen kann, was immer wir verbrochen haben. Wir sind sein Schatz auf dieser Welt und er hat alles dafür getan, damit keiner von uns verloren geht. Er hat sogar seinen Sohn dafür hingegeben. Er hat uns ein Leben in Frieden zugesagt, weil wir ohne inneren Frieden nicht leben können. Wenn wir bereit sind, uns mit ihm und den Mitmenschen zu versöhnen, wird er uns vergeben.

Das betrifft wirklich nicht nur die Geschiedenen und Wiederverheirateten, sondern uns alle. Auch wenn wir „Ungeschiedenen" mit jemand zerstritten sind, können wir nicht einfach zur Kommunion gehen. Auch wir müssen umkehren und uns ändern. Für uns ist es ebenso entscheidend, wie wir dem Anspruch des Evangeliums gerecht werden, wie wir nach Gottes Geboten leben oder nicht.

Nun aber höre ich Euren inneren Aufschrei. Was ist, wenn Ihr Euch schon versöhnt habt, wenn für die Kinder der ersten Ehe gesorgt wird, wenn Ihr verantwortlich mit der neuen Partnerschaft umgeht, wenn Ihr wieder Anschluss an eine Gemeinde gefunden habt und Euch einbringt und im Glauben wachst? Was, wenn Ihr den Weg der Umkehr gegangen seid und nun in der Verantwortung lebt für neue Kinder und eine neue Beziehung? Was, wenn Ihr dieses neue Glück dadurch bekundet habt, dass Ihr Euch standesamtlich habt trauen lassen?

Dann habt Ihr Recht, wütend darüber zu sein, dass unsere Kirche Euch dennoch von den Sakramenten abweist, es sei denn, Ihr würdet die Standardvorgabe erfüllen und „in Trennung von Tisch und Bett" leben. Dann fühlt Ihr Euch nicht nur draußen, Ihr seid es (dem Kirchenrecht nach) auch. Machen wir uns nichts vor, so fordert man es vielerorts gnadenlos von Euch ein. Und Ihr spürt diese Ablehnung, und deshalb ziehen sich viele für immer zurück.

Ich möchte Euch zurufen: „Bitte, bleibt!" Ich versuche Eurem verbitterten Blick standzuhalten. Ich will Euch nicht gehen lassen. Ich will versuchen zu verstehen und laut zu protestieren. Ich will jedes Samenkorn der Hoffnung auf eine bessere Lösung mit und für Euch gemeinsam einpflanzen und meiner Kirche keine Ruhe lassen, bis die skandalöse Schweigemauer durchbrochen ist. Ich will mit Euch das Wort anschauen, das Jesus gesagt hat. Es stimmt, er hat gesagt: „Was Gott verbunden hat, darf der Mensch nicht trennen". Unsere Kirche hält sich deshalb an die Unauflöslichkeit der Ehe und erkennt keine weitere Ehe als gültig an.

Aber Jesus weiß um einen Gott, der nicht zuerst auf Ordnung schaut, sondern immer den konkreten Menschen im

Blick hat. Jesus selbst hat die Ordnung immer dann durchbrochen, wenn es um einen Menschen in seiner persönlichen Not ging. Er hat am Sabbat geheilt, obwohl es verboten war. Er hat die Ehebrecherin nicht verurteilt, sondern sie, in einer für ihn selbst bedrängenden Situation, in Schutz genommen. Er hat dem Schächer am Kreuz wegen eines einzigen Satzes das Paradies versprochen. Ein paar ehrliche Worte haben genügt, um in den Himmel zu kommen. Er hat am Kreuz die Schuld aller Menschen auf sich genommen, die an ihn glauben, auch die der Wiederverheirateten.

Natürlich verurteilt auch die Kirche deswegen niemand persönlich, wenn das Kirchenrecht vom Ehebruch spricht: Sie schließt deswegen niemand vom Mitleben in der Kirche aus, allerdings von den Sakramenten. Und diese Unterscheidung ist für viele unerträglich und schmerzlich. Ihr könnt schon an den Gottesdiensten und am kirchlichen Leben teilnehmen, aber es bleibt dennoch das Empfinden, dass Euch das Entscheidende, wonach Ihr Euch sehnt, verweigert wird. Besonders unverständlich ist dies für diejenigen unter Euch, die sich in Ihrer neuen Beziehung nicht schuldig wissen. Wenn Euch nach Eurer Überzeugung diese neue Beziehung nicht von Gott trennt, wenn Ihr diese innere Freiheit spürt, dass Ihr so vor Gott hintreten könnt, dann müsst Ihr Euch Eurem Seelsorger anvertrauen und er wird Euch in Eurer Sehnsucht nach Jesus einen verantwortbaren Weg zeigen. Es gibt Seelsorger, die Euch dazu ermutigen, es gibt Gemeinden, die ihrem Auftrag gerecht werden und offen sind für Euch. Sie nehmen Ihre Verantwortung wahr, geben Hoffnungszeichen. Ich möchte alle Christen dazu ermutigen, Menschen in ihrer Gemeinde nicht im Stich zu lassen, ihnen Zuwendung zu schenken und mit ihnen zu beten und gemeinsame Wege zu suchen. Ich habe gelesen, dass in der orthodoxen Kirche die Menschen nach einer Zeit der Buße wieder in die volle Gemeinschaft aufgenommen werden. Sie werden zum zweiten Mal „gekrönt". Wie wunderbar! Wie oft wollte Jesus, dass wir dem anderen vergeben? Nicht 7-mal sondern 7-mal 77-mal. Möge Gott uns das schenken.

Bitte, lieber Gott, hilf uns glaubwürdiger und barmherziger zu sein, damit wir die Menschen nicht mit Vertröstungen abspeisen, sondern echte Lebenshilfe anbieten. Schenke uns Achtung und Würde vor jedem Menschen, besonders auch vor den in ihrer Ehe Gescheiterten.

Eure Schwester Teresa

11. Hallo, Ihr relimüden Schülerinnen und Schüler,

als ich selbst noch in der Schule pauken musste, hatte ich einen kleinen Vorteil. Immer wenn meine Mitschüler Reli hatten, hatte ich eine Freistunde. Ich war damals noch nicht getauft, weder katholisch noch evangelisch, und Ethik gab es auch noch nicht. Natürlich wurde ich von den anderen darum beneidet, und ich fand es auch ganz schön cool. Ich konnte mir aussuchen, ob ich bei einer evangelischen Lehrerin hinten drin saß und meine Hausaufgaben machte oder bei einem strengeren katholischen Lehrer. Ich zog oft die Lehrerin vor, die interessantere Stunden machte; aber leider ist bei mir davon nichts hängen geblieben. In Wirklichkeit hörte ich nie richtig zu; es interessierte mich nicht. Die ganze Sache mit der Religion interessierte mich bis zu meinem 19. Lebensjahr nicht die Bohne. Wenn ich Euch heute als katholische Schwester schreibe, dann könnt Ihr Euch sicher vorstellen, dass ich einen ungewöhnlichen Weg gegangen bin. Umso verrückter klingt es, wenn Ihr erfahrt, dass ich heute selbst katholische Religion in einer Grund- und Hauptschule unterrichte. That´s Life.

Immer wenn ein neues Schuljahr beginnt und ich eine neue Klasse vor mir sitzen habe, erläutere ich meinen Schülern drei Regeln für den Unterricht. Die erste: „Ich liebe freche Kinder!", die zweite: „Ich liebe brave Kinder!"; „Ich hasse langweiligen Unterricht!" ist meine dritte Regel. Ein gewisse Verblüffung der Schüler macht es mir leicht, in das Fach Religion einzusteigen. Ich weiß zwar nicht, welche Erfahrungen Ihr mit Religionslehrern und dem Unterricht in diesem Fach gemacht habt, aber ich stelle immer wieder eine „Relimüdigkeit" fest. Von „langweilig" bis „uncool" höre ich mir so manche Kommentare an und irgendwie kann ich Euch gut verstehen. Mir ging es damals nicht anders, obwohl ich nicht einmal wusste, was Reli eigentlich ist. Höchstens, dass der Unterricht hier irgendwie anders verlief, als in den normalen Fächern.

Heute lade ich gewöhnlich meine Schüler zum Beginn des Schuljahrs zu einem Experiment ein. Die einzige Bedingung ist, Gott eine kleine Chance zu geben und selbst herauszufinden, ob das Ganze wirklich so total „uncool" ist: Glauben, die Bibel, die Kirche. Wir können Euch nichts vormachen, am Ende bekommt Ihr eine Note, Ihr müsst Klassenarbeiten schreiben und Wissen erwerben. Mich interessiert das nur am Rand. Ich will mehr. Ich war mal Sportlerin und ich setze mir immer sportliche Ziele.

Ich will, dass Ihr über Euch und den Sinn des Lebens nachdenkt. Ich will, dass Ihr Jesus kennenlernt und vielleicht sogar eine Beziehung zu ihm aufbaut, zumindest dass Ihr verstehen lernt, wieso die Menschen an Gott glauben.

Wisst Ihr, Gott hat es nicht ganz leicht, mit Euch in eine Beziehung zu treten, weil sein Bodenpersonal nicht immer so gut drauf ist. Sie machen zwar allerhand Kopfstände, aber oft sind sie nicht in der Lage, Euch das so rüber zu bringen, dass Ihr Geschmack daran findet. Genau das ist das Problem. Bevor ich nicht eine Coca-Cola oder eine Pizza probiert habe, weiß ich gar nicht, ob sie mir schmeckt. „He, schmeckt doch super!" – so was muss einem erst mal gesagt werden; dann probiert man und fährt vielleicht total drauf ab. So ist das auch mit dem Glauben an Gott. Bevor man das nicht wirklich ausprobiert hat, kann man nicht wissen, ob das wirklich nichts ist. Wir können zwar darüber sprechen, was alles in einer Cola drin ist und wie eine Pizza richtig zubereitet wird, aber davon habt Ihr noch lange nichts. Erst wenn Ihr probiert habt, wisst Ihr, ob das ein Essen für Euer Leben ist.

Genauso ist es, wenn Ihr eine Sportart betreibt. Ihr lernt die Regeln, Ihr habt tolle Spieler als Vorbilder, Ihr tragt die passende Kleidung dazu, Ihr trainiert, um besser zu werden und Ihr wisst, dass das manchmal ganz schön anstrengend sein kann. Weil es Euch interessiert, kennt Ihr Euch sehr gut aus. Dagegen werden Euch andere Sportarten kaum interessieren, Ihr würdet die Regeln gar nicht lernen und im Fernsehen weiterschalten. So ist das auch mit der Religion. Wenn ich gar nicht verstehe, wieso das alles so ist, warum die Leute in die Kirche gehen, welchen Sinn die Gebote Gottes für mein Leben haben, kommt mir das alles langweilig vor und ich habe kein Interesse daran.

Meine größte Herausforderung als Religionslehrerin ist es, Euch vom Gegenteil zu überzeugen. Warum? Weil ich glaube, dass Ihr Gott ganz wichtig seid. Er nimmt Eure Träume und Sehnsüchte ernst, aber auch Eure Kritik und Eure Gefühle. Wenn Ihr Euch nicht verstanden fühlt, wenn Ihr mit der Schule oder den Lehrern nicht zurechtkommt, wenn es in der Familie Probleme gibt oder Ihr einfach keinen Anschluss findet. Selbst dafür, dass Ihr für vieles „keinen Bock" habt, hat Gott Verständnis. Ich bin sicher, sogar mehr, als wir je aufbringen könnten. Es ist Gott eben wichtig, dass Ihr ganz frei seid und ganz viel gutes Leben aus dem Glauben erfahrt. Er will nämlich nicht, dass Ihr nur ein bisschen Leben habt und ständig mit angezogener Handbremse lebt. Gott will, dass ihr ein volles, tolles Leben habt. Er will, dass Ihr Euch in seinen Händen geborgen fühlt und dass jeder Tag für Euch frei von Angst ist. Vor allem will er helfen, dass Ihr mit schwierigen Situationen zurechtkommt. Dass Ihr einfach ein paar konkrete Vorschläge bekommt, um besser mit den anderen zurechtzukommen. Diese „Tipps" zu einem guten Leben stehen in den 10 Geboten und in der Bibel.

„Oh je", werdet Ihr vielleicht denken, „jetzt kommt sie uns auch noch mit der Bibel!". Klar, dieses Buch haben Menschen 2000 Jahre lang gelesen und sich Kraft für Ihr Leben geholt. Im letzten Schuljahr habe ich einen „Bibelcrashkurs" mit meinen Schülern gemacht. Und kaum hatte ich das angekündigt, da kamen mir die Vorurteile um die Ohren geflogen: „Bloß nicht, langweilig – unverständlich – kein Bock – muss das sein?" Ich blieb hart: „Muss sein, Freunde!" In der Stunde bekam jeder Schüler eine Ausgabe des neuen Testaments persönlich von mir überreicht, und ich flüsterte jedem einzelnen Schüler einen Wunsch ins Ohr, was dieses Buch für sein Leben bedeuten könnte. Sie durften zunächst die Sätze bunt unterstreichen, die ihnen besonders gefielen, und nach einigen Stunden der Einführung kannten sie sich fast wie Profis in ihrer Bibel aus. Wir beten vor jeder Stunde, und ich bete für meine Schüler, dass die Worte Jesu ihr Herz berührten.

Nach ein paar Wochen musste ich mich innerlich zusammenreißen, um nicht vor Ergriffenheit zu weinen. Meine Schüler waren begeistert, sie hatten Geschmack gefunden an diesem Buch. Fünf von ihnen haben das sogar im Familiengottesdienst am Sonntag vor allen Leuten zum Ausdruck gebracht. Sie erzählten den Kindern und Erwachsenen, was sie an der Bibel so bewegt hat. Sie erzählten, mit welchen Vorurteilen sie an die Bibel herangegangen waren und sie stellten fest, dass jeder seine eigenen Erfahrungen mit der Bibel machen muss.

Dazu möchte ich Euch in meinem Brief ermutigen. Macht Euch selbst ein Bild: von Gott, der Bibel und der Kirche. Prüft das Ganze, geht ihm auf den Grund, lernt die Hintergründe kennen. Ich gebe jetzt mal meine Garantie. Sie gilt nicht nur drei Jahre wie bei einem guten Auto, sie gilt lebenslang: Entweder lebt Ihr ganz beruhigt weiter, auch ohne Glauben, oder es wird Euch nicht mehr loslassen. Glaubt mir, wenn Ihr Gott eine solche Herausforderung stellt, wird er einiges in Bewegung setzen. Jesus hat nämlich gesagt, dass man ihn finden wird, wenn man ihn von ganzem Herzen sucht. Nun wird Jesus Euch das beweisen müssen.

Wie das geht? Fangt an zu nerven. Stellt Fragen ohne Ende. Fragt Eure Lehrer, Eltern, Freunde, Pfarrer. Fangt an in der Bibel zu lesen, am besten im Neuen Testament, da erfahrt Ihr am meisten von Jesus. Solltet Ihr nämlich das „Alte Testament" erwischen, kann es sein, dass Ihr so komische Überschriften lest wie „Deuteronomium, Esra, Klagelieder"–, aber kein Jesus kommt darin vor. Und Ihr werdet denken, was ist das für ein komisches Buch, wo die Hauptfigur nicht mal im Inhaltsverzeichnis zu finden ist? Auch wenn Ihr nicht alles verstehen könnt, genügt es, wenn Ihr nur einen Satz kapiert und ihn versucht eine Woche lang umzusetzen. Ihr werdet überrascht sein, was Ihr damit für Erfahrungen macht! Fangt an, mit Jesus zu sprechen. Wisst Ihr, wir Menschen reden innerlich unaufhörlich mit uns selber. Beobachtet Euch einmal. Setzt Euch ganz still hin und hört Euch selber zu, was Euch alles durch den Kopf, manchmal durchs Herz geht. Fangt an, in ähnlicher Weise nur für ein paar Sekunden mit Jesus zu reden. Ein Gebet dauert nur ein paar Sekunden, aber es kann ganz schön viel passieren, wenn Ihr Euch darauf einlasst.

Seid Ihr dennoch „relimüde"? Halb so schlimm. Das ist gar keine so schlechte Ausgangsbasis. Jesus hat nämlich gesagt, wer müde ist, soll zu ihm kommen. Er wird Euch schon munter machen. Glaubt mir, er kann das.

Eure Schwester Teresa

12. An alle Enttäuschten

Einfach ist es nicht Euch zu schreiben. Aber ich weiß, wie viele Menschen von Kirche enttäuscht sind. Seid Ihr von der Kirche enttäuscht worden, durch ihr Bodenpersonal oder vielleicht sogar durch Gott?

Nun, wisst Ihr, ich will hier niemanden verteidigen. Das könnte ich auch gar nicht. Das Leben selbst ist ein Wechselspiel der Gefühle; das Leben macht uns manchmal einen gehörigen Strich durch die Rechnung. „Die Kirche" besteht nun mal in erster Linie aus Menschen. Und Menschen enttäuschen – immer übrigens. Ob ich schon oft enttäuscht wurde? Oh ja, kaum habe ich einen Schlag verdaut, kommt schon der nächste, der mich noch ärger erwischt. Ich bin hart im Nehmen, müsste es ja viel besser wissen und könnte es inzwischen gelernt haben. Aber auch ich muss nach so einer Enttäuschung immer wieder versuchen, neu auf die Beine zu kommen.

Wenn ich einen Menschen an mich heranlasse, dann besteht nun mal die Möglichkeit, dass er mich enttäuscht. So ging es mir mit einem jungen Mädchen, das kürzlich vor meiner Tür stand. Sie schien aufgeregt, ich merkte ihr an, dass etwas nicht stimmte. Nach einigem Zögern offenbarte sie mir, dass sie gerade aus Kroatien gekommen sei. Sie war am vorigen Abend in den Bus gestiegen, ohne jegliches Gepäck, um zu mir zu fahren. Sie hatte mein Buch „Das Skateboard Gottes" gelesen, das eben in Kroatien erschienen war. Dabei war ihr klar geworden: „Wenn mir jemand helfen kann, dann Schwester Teresa". Natürlich fühlte ich mich geehrt, aber warum hatte sie das getan? Welche Hilfe brauchte sie? Unvermittelt brach es aus ihr heraus. Sie war schwanger, ein One-Night-Stand. Nun wuchs da ein Kind in ihr. Ihr megastrenger Vater durfte nichts von ihrer Schwangerschaft erfahren. Er würde sie umbringen, meinte sie. Eine Mutter hatte sie keine mehr, nur eine Stiefmutter. Keinen Job, keine Ausbildung. Sie war sehr streng katholisch erzogen worden, durfte nie ausgehen, keine Freunde haben. Als sich ihr Bauch zu wölben begann, hatte sie nur noch Angst. Niemand durfte es bemerken. So stand sie vor mir.

Es nahm mir die Luft weg: Das Mädchen wandte sich hilfesuchend, verängstigt, völlig orientierungslos an mich, als könnte ich alle ihre Probleme auf einmal lösen. In meinem Kopf und Herz ratterte es los: „Ankommen lassen, beruhigen, einfach annehmen, Geborgenheit vermitteln. Gott hat sie hergeführt, ich muss was tun!" Was hatte das mit Enttäuschung zu tun? Mehr als ich dachte! Irgendwie würden wir das gemeinsam hinbiegen! Aber ein paar Tage später war sie verschwunden und hatte nichts als durchwühlte Schränke hinterlassen. Geld hatte sie keines mitgenommen; wir hatten keines im Haus. Alles andere, was sie mitgehen ließ, war ersetzbar, aber nicht das geschenkte Vertrauen.

Mitgenommen hat sie sich ein schlechtes Gewissen und noch mehr Angst vor der Zukunft. Zurückgeblieben ist ein Stück Fassungslosigkeit. Wir wären doch zu allem bereit gewesen, hätten alles für sie und ihr Kind getan! Schade! Wir waren richtig traurig. Solche Enttäuschungen nagen am Grundvertrauen in die Menschen, genauso wie Lügen, verratene Geheimnisse, Ehebruch, Heuchelei, Mobbing, Diebstahl, nicht gehaltene Versprechen. Ja, ich bin schon sehr oft enttäuscht worden. Ich wundere mich selbst manchmal darüber, warum ich mich immer wieder auf Menschen einlasse. Aber auch als neue religiöse Gemeinschaft haben wir das wiederholt wirklich sehr böse erleben müssen. Wir haben Menschen aufgenommen, ihnen Liebe und Zuwendung, Lebensperspektiven und Freundschaft geschenkt. Wenn sie uns dann nicht mehr brauchten, weil sie beispielsweise Arbeit bekamen und damit Ansehen, galt das alles plötzlich nicht mehr und sie sind mit bösem Gerede über uns hergefallen. Was wir dabei gelernt haben? Vorsichtiger zu sein.

Aber die viel wichtigere Frage ist, was hat das mit uns gemacht? Was haben diese Enttäuschungen mit uns, mit unserer Seele, unserem Grundvertrauen, unserem Umgang mit Menschen gemacht? Zuallererst hat es mich unsagbar traurig gemacht. Enttäuschungen tun weh und es nützt nichts, einfach festzustellen, dass man einer Täuschung auf den Leim gegangen ist. Ich wollte es nicht wahr haben, dass sich jemand als ein ganz anderer Mensch entpuppt hat. Dieser Schmerz schlägt Wunden; da braucht man einfach mehr als nur ein seelisches Heftpflaster. Unsere Seele ist nicht einfach unbegrenzt belastbar, sondern sie kann aufschreien. Sie reagiert und sogar körperlich. „Ich bin von Dir enttäuscht!", ist ein zutiefst schmerzlicher Satz. Aber es ist ein Satz, der auch befreien kann, wenn er endlich ausgesprochen ist.

Oder gehören sie etwa zu den A.E., den „Anonymen Enttäuschten"? Willkommen im Club! Man sieht ihnen die Enttäuschung nicht an, sie schlucken sie runter. Leider gibt es in unserer Kirche sehr viele A.E's. Ordensleute und Priester gehören dazu, Pfarrsekretärinnen und pastorale Mitarbeiter, engagierte Christen und Jugendliche. Wie sich diese Enttäuschung zeigt? Im innerlichen und äußerlichen Rückzug, im Wegbleiben, im Verbittertsein und Verstummen. Es gibt unglaublich viele Menschen innerhalb der Kirche, die enttäuscht sind und nicht offen über ihre Enttäuschungen reden können. Vielleicht weil ihnen niemand zuhört. Das macht früher oder später krank.

Ich weiß wovon ich spreche. Ich selbst bin sogar krank geworden, weil ich von einigen Mitchristen so bitterlich enttäuscht wurde. Ebenso gibt es vieles in meiner Kirche, das mich enttäuscht, das mich wütend und sprachlos macht. Das frustriert mich auch dann noch, wenn ich mir sage, dass es gar nicht anders sein kann. Die Kirche ist zur Hälfte (Gott sei Dank aber auch nur zur Hälfte) eine sehr menschliche Angelegenheit; da ist sie schwach, engstirnig, drohend und oft entmutigend. Das ist eine bittere Realität, der ich mich stellen muss. Ich muss meine Enttäuschung zulassen, darf meinen Gefühlen Recht geben, sie hinterfragen.

Ja, ich muss meiner Seele eine Stimme geben, damit sie trauern und klagen kann. Ich habe das Recht, vor Gott zu klagen und zu schimpfen. Er ist der einzige, der mir wirklich zuhören kann. Wer nicht weiß, wie er klagen soll, braucht sich nur einmal die Psalmen in der Bibel anschauen. Leider werden die heftigen Klageverse in unserer Verkündigung oft weggelassen. Eine blöde Form von Zensur! Das steht in der Bibel und das muss den Menschen hingehalten werden, damit sie ihre bodenlose Enttäuschung in Worte fassen und sich wiederfinden können. In den Psalmen haben Menschen ihrer Enttäuschung Luft gemacht und ihre Wut ausgesprochen. Das hilft wirklich, Dampf abzulassen. Aber es ist nur ein erster Schritt der Bewältigung. Ich habe mich entschieden, mich von meinen Enttäuschungen nicht mehr überwältigen zu lassen, damit sie mich nicht vergiften. Das tun sie nämlich. Sie stehlen meine inneren Kräfte und lassen mich mutlos in der Kirche werden.

Ich habe meine Enttäuschung oft genug überspielt, ohne zu merken, wie viel Macht ich ihnen über mich gegeben habe – ihnen und den Menschen, die dahinter steckten. Sie haben über mich bestimmt, über meine Gefühle, meine schlaflosen Nächte, meine Arbeit. Ich hatte versäumt zu verarbeiten, was mich traurig gemacht hatte, hatte auch versäumt, laut zu klagen.

Ich kann Euch keine Rezepte geben, wie Ihr über Eure Enttäuschungen hinwegkommt. Aber eines möchte ich Euch so gerne ins Herz legen. Lasst die Enttäuschungen nicht Herr über Euch werden. Nicht alle Menschen sind böse, nicht alle Christen sind heuchlerisch, nicht „die Kirche" ist schlecht. Es sind einzelne Menschen und Situationen, die enttäuschend sind. Ich habe mich trösten lassen durch meine Gemeinschaft, durch Freunde und durch das Gebet. Ich habe Zeit gebraucht, meine Ängste wahrzunehmen und sie auszusprechen. Im Horizont der Kirche gibt es ebensoviel Heilendes und Frohes. Im Alltag des Glaubens gibt es viele verschiedene Wege zu Gott. In manchen Wüstenerfahrungen steckt auch eine Chance zum Reifwerden, um über sich hinaus zu wachsen. In meiner Kirche steckt soviel Widersprüchliches und doch ist diese Spannung getragen von der Sehnsucht vieler, zum Wesentlichen zu kommen und nicht an der Oberflächlichkeit oder in der Gewohnheit hängen zu bleiben.

Jesus hat seine Kirche Menschen anvertraut. Welch ein Wahnsinn, könnte man meinen. Ausgerechnet Petrus vertraut er sein Erbe an, einem Mann, der eine zu große Klappe hatte und der ihn im entscheidenden Moment verraten hat. Viel wichtiger als seine Schuld oder seine Fehler war seine Liebe zu Jesus. Sie ist ausschlaggebend für die Wahl Jesu. Das ist für mich ein großer Trost. Unsere schwache Kirche wird nach der Liebe gemessen, nach nichts sonst. Ich übrigens auch. So habe ich die große Hoffnung, dass wir nicht müde werden und aufgeben, sondern in und an unserer Kirche wachsen und arbeiten, trotz aller Enttäuschungen.

Manchmal sind es gerade diese Enttäuschungen, die uns weiterbringen, weil sie uns zum Kämpfen herausfordern. Natürlich kenne ich auch Situationen, in denen ich am liebsten das Handtuch werfen würde, weil mir alles sinnlos erscheint. Dann muss ich mir den Blick weiten lassen, dass bei Gott alles möglich ist, auch wenn ein Pfarrer, ein Bischof oder der Papst für mich Unannehmbares durchsetzen will oder für mich unverständlich lebt und handelt.

Die Lust an der Kirche lasse ich mir nicht mehr nehmen, und meinen Frust an der Kirche lerne ich immer mehr auszusprechen. Gut zu wissen, dass ich damit nicht alleine bin. Ich danke allen, die in der Kirche die Stimme für sich oder die Enttäuschten erheben und für alle, die für die Enttäuschten beten und ihnen innerlich verbunden sind. Wenn ein Glied am Leib der Kirche leidet, dann leiden alle Glieder mit, heißt es im Korintherbrief.

Eure Schwester Teresa

13. An alle Wagemutigen

Es heißt schon was, in der katholischen Kirche wagemutig und kreativ zu sein. Gott sei Dank gibt es Euch! Immer wieder bringt die Kirche tollkühne Leute hervor, die uns mit gutem Beispiel vorangehen. Die meisten werden jedoch erst nach ihrem Tod für ihren Mut, ihren Einsatz und ihre Kreativität bewundert. Dann heißen sie Heilige. Zu Lebzeiten hätten manche ihnen am liebsten in den Hintern getreten. Sie waren Störenfriede, unbequeme Zeitgenossen, galten auch damals schon als ein wenig verrückt. Aber sie entfalteten eine ungeheure Dynamik.

Dafür mussten sie einen hohen Preis bezahlen. Es liest sich schön in den Büchern, wie sie nach anfänglichen Verfolgungen ein großes Werk errichten konnten. Tatsache ist, dass ihnen „brave Leute" die Hölle heiß machten und ihnen die dicksten Steine in den Weg legten. Sie wussten sich von Gott herausgefordert, neue Wege zu gehen, wollten nicht auf den ausgetretenen Trampelpfaden bleiben. Die Heiligen taugen nicht für das dösige Kirchenkonzept von Gewohnheitschristen. Sie bringen alles durcheinander. Ein einziger Heiliger ist wie eine Handvoll Pfeffer in einer schalen Nudelsuppe. Oder wie ein bisschen Swing in einem Trauerorchester. Oder wie ein bisschen Hurrikan in der Pfütze. Würde die Kirche nur aus Gewohnheitschristen bestehen, würden mir die Füße einschlafen. Heilige machen die Kirche erst sexy.

Gott hat diese Menschen aufgestöbert, hat ihnen Dampf gemacht und ihnen keine Ruhe gelassen, bis sie ihre Ängste überwunden und seinen Auftrag erfüllt haben, auch wenn es manchmal ziemlich heavy war, was er von ihnen wollte. Franziskus war nicht viel mehr als ein Hippie, ein Aussteiger, der seinem Vater die Klamotten vor die Füße geschmissen hatte – und ausgerechnet er sollte dem damaligen Papst das Ideal einer armen und menschenfreundlichen Kirche vor Augen halten! Ganz schön viel verlangt. Keinem von den Heiligen blieb eine Auseinandersetzung mit sich selbst erspart. Bevor sie gehandelt haben, mussten sie sich Klarheit und Mut erbeten. Sie mussten damit leben, dass andere sie weder verstanden, noch ihren Weg billigten. Wer der inneren Stimme des Aufbruchs folgt, kann plötzlich ganz allein da stehen.

Gott sei Dank gibt es Euch, Ihr Wagemutigen, auch wenn Ihr oft alles andere als Heilige seid! Ich finde Euch klasse, wenn Ihr Euch durch nichts entmutigen lasst. Ich finde es sogar toll, wenn Ihr für eine gerechte Sache sogar einmal stur wie ein Panzer seid. Aber es sind zu wenige, die in der Kirche gegen den langweiligen mainstream schwimmen! Das darf man. Das kann einem kein Bischof und kein Papst verbieten. Man muss nur seinem Gewissen folgen.

Ich weiß nicht, warum wir so wenig große Persönlichkeiten haben, die sich trauen, leidenschaftlich zu leben und zu lieben, wie Ihr das tut. Ihr liebt das Leben und ihr liebt diese Kirche. Ihr bringt viele gute Ideen, viel Kreativität in Eure Gemeinden und in die Kirche ein. Leider gibt es aber genug, die mit ihren Ideen nicht einmal die erste Hürde schaffen. Oftmals scheitern sie schon beim ersten Anlauf an ihrer Umgebung, den Pfarrern, einem Pfarrgemeinderat, dem Bischof. Trotzdem heißt es dann den Mut nicht zu verlieren.

Als ich vor Jahren als Referentin bei einem Managementkongress in Frankfurt eingeladen war, konnte ich bei anderen Referenten einiges über Innovation in der Wirtschaft hören und warum es in anderen Ländern eher möglich ist, eigene Ideen einzubringen. Eine Studie zeigte zum Beispiel, wie viele Ideen von der Basis eines Autobetriebes zur Chefetage dringen und wie viele davon umgesetzt wurden. Dabei wurden Japaner und Deutsche miteinander verglichen. Das Ergebnis war verblüffend. Während es die deutschen Mitarbeiter gerade mal auf hunderttausend Ideen pro Jahr an Verbesserungsvorschlägen brachten, waren es in Japan 1,5 Millionen. Ein Firmenkonzept wurde geschildert, in dem die Mitarbeiter ⅔ ihrer Arbeitszeit normal arbeiten mussten, ⅓ davon aber für kreative Ideen und deren Umsetzung nutzen durften. Ich erfuhr von einem Mann, der in einer Firma für Klebstoff arbeitete. Dort hatte man gerade eine neue Zusammensetzung für einen Kleber entwickelt, der bedauerlicherweise einen einzigen Fehler hatte: Der neue Kleber klebte nicht, sondern haftete nur. Während die Chefs das Konzept in den Papierkorb warfen, überlegte sich dieser „kleine" Mitarbeiter, ob man dieses „Haftzeug" nicht anders nutzen konnte. Der Mann war nämlich Leiter eines Kirchenchores, der sich immer über seine Sänger ärgerte, wenn sie den richtigen Einsatz verpassten. Da nahm er kleine Streifen dieses nur haftenden

Klebers und markierte damit auf den Notenblättern die Einsatzstellen der verschiedenen Stimmen. Nach dem Üben konnte er die Streifen abnehmen, ohne dass die Notenblättern beschädigt wurden. Das funktionierte so gut, dass der Mann einen Block solcher Haftkleber anfertigte und ihn der Sekretärin des Chefs schenkte. Nach einer Stunde rief sie bei ihm an, weil sie weitere Blöcke brauchte. Diese selbstklebenden Blöcke wurden dann an Sekretärinnen großer Firmen in den USA als Werbegeschenke verschickt und ohne eine Mark für Werbung auszugeben, hat sich der „Post-it"-Block eingeführt, der aus keinem Büro der Welt – auch nicht aus den Pfarrbüros – mehr weg zudenken ist. Alles beginnt mit einer Vision, alles beginnt mit Nachdenken und Ausprobieren.

Was das für unsere Kirche bedeuten kann? Natürlich ist Kirche kein wirtschaftliches Unternehmen, aber wir können eine Menge von der Wirtschaft lernen. Jesus selbst sagte, dass „die Kinder dieser Welt oftmals klüger sind als die Kinder des Lichtes". Wir müssen viel mehr Vertrauen in unsere Mitarbeiter setzen und ihnen Freiräume zum Ausprobieren lassen. Eine Gemeinde ist eine nie versiegende Quelle guter Ideen, wenn wir die Menschen, die ihre Ideen und Verbesserungsvorschläge einbringen mit ihren Gaben mehr achten und zur Mitarbeit ermutigen.

Es ist doch beschämend, wie viel Zeit und Kraft vertan wird mit Diskussionen und Sitzungen. Da geht es umso weltbewegende Fragen, ob ein Kopiergerät Vor- oder Nachteile und ein Krabbelgottesdienst seine Berechtigung hat, oder ob neue Tischdecken und kürzere Predigten nötig sind. Man kann von Glück sagen, wenn nicht gleich ein neuer Ausschuss gegründet wird. Verrückt! Probiert's doch aus! In der Kirche muss nicht alles wie in der Vorstandsetage der Deutschen Bank ablaufen. Wir sind doch keine Buchhalterkirche (ansonsten nichts gegen diesen ehrenwerten Berufsstand)! Spielen! Ausprobieren! Witzige, unvollkommene Sachen machen! Was glaubt Ihr, wie charmant das ist und wie lebendig! Ich wünsche mir einen Kirche von leidenschaftlichen „Amateuren". Da steckt das Wort „amare" (= lieben) drin. In der Liebe muss man nicht perfekt sein, sondern achtsam, lebendig, eifrig und mutig! Liebe ist nicht, wenn man sich dreimal täglich küsst, sondern wenn man mit Fantasie zeigt, dass man sich gern hat und füreinander durch's Feuer geht.

Ich finde es wirklich beschämend, wie griesgrämig und phantasielos wir oft reagieren, wenn Leute (und oft sind es die ganz Jungen, die sich dabei hervortun) neue Vorschläge machen. Zuerst muss ich doch fragen, ob das nicht ein Anruf Gottes sein kann, bevor ich einen neuen Vorschlag niederschmettere.

Ich muss lächeln, wenn ich an Euch denke, Ihr Wagemutigen, die Ihr Euch von all dem nicht beirren lasst. Ihr habt Euch das Wort, dass Christen Salz sein sollen, auf die Fahnen geschrieben. Ihr seid die Leute, die sich gewissermaßen vor die Kirchentür hinstellen, um das, was drinnen geschieht, mit den Augen eines Fremden zu sehen. Ihr bemerkt sofort die viele Missstände, die eine Gemeinde nicht einladend machen kann. Verschlossene Türen zum Beispiel. Ich selbst habe in einem sozialen Brennpunkt gearbeitet; ich weiß, dass wir uns auch dann nicht vor Diebstahl schützen können, wenn wir eine Kirche in einen Hochsicherheitstrakt verwandeln.

Oder Ihr habt einen untrüglichen Instinkt dafür, wenn die Kirche betriebsblind wird. Ob es um Auffahrten für Rollstuhlfahrer geht, oder den Hinweis auf eine Toilette, die dann womöglich nicht aufgeschlossen und sauber ist. Väter und Mütter wissen ein Lied davon zu singen, was es heißt, schnell eine Toilette für ihre Sprösslinge zu finden, während die Kirchenglocken bereits läuten. Einem Pfarrer wird das zölibatsbedingt nicht auffallen. Das betrifft aber genauso die älteren Kirchenbesucher. Sind wir wirklich schon achtsam für sie? Haben wir den Mut in der Gemeinde etwas zu verändern? Einen Fahrdienst einrichten? Gehfreundliche Treppen schaffen? Sitzheizung? Das war doch nie hier – sagen die Routiniers. Ist das ein Argument? – fragen die Wagemutigen. An solchen Punkten entscheidet sich für mich Kirche mit oder ohne Qualität.

Findige und kreative Mitarbeiter, ob sie haupt- oder ehrenamtlich in den Gemeinden mitarbeiten, entdecken solche Dinge sofort, nicht wahr? Ihr seid es, denen ich das zuschreibe, weil ihr Euch zu sagen wagt, was nicht in Ordnung ist und meistens schon konstruktive Ideen für eine Lösung parat habt. Gott sei Dank gibt es ja schon viele Gemeinden, die auch auf solche Dinge achten.

Der Teufel ist ein Bürokrat. Und er fühlt sich in manchen

Gemeinden leider pudelwohl. Wie viel Überzeugungsarbeit und Motivation muss man manchmal leisten, um winzige humane Verbesserungen und ein bisschen frischen Wind in die Sakristei zu bringen! Das kostet richtig Kraft. Dazu kommt, dass „der Prophet im eigenen Land kein Ansehen hat". Tröstet Euch: Mir selbst ging das anfangs auch so (womit ich nicht sagen will, dass ich eine Prophetin bin).

Und doch habe ich die Erfahrung gemacht, dass es sich immer lohnt, neue Ideen einzubringen, andere zu überzeugen und nicht nachzugeben. Ich werde lieber ein bisschen schief angeguckt, aber es geschieht wenigstens etwas. Wir werden immer damit leben müssen, dass Leuten etwas nicht gefällt. Wichtiger ist es, das zu tun, was Gott gefällt. Das Menschlichere, das Liebevollere, das Herzlichere, das Einfachere, das Einladendere, das Fröhlichere ist immer im Sinn Gottes. Für diese kleinen Dinge müssen wir kämpfen. Und dafür seid ihr da, Ihr Wagemutigen!

Vielleicht geht es Euch auch so: Mein Problem ist, dass mir Gott ständig neue Ideen und Kreativität schenkt. Und in jeder Gabe steckt schließlich eine Aufgabe. Meine armen Mitschwestern können ein Lied davon singen und unsere vielen Mitstreiter in unserer Gemeinde auch. Aber wenn von oben her ein „Go!" kommt, habe ich kein Recht „Mach mal Pause!" zu funken. Wenn eine Idee von Gott ist, dann wird sie funktionieren. Wenn nicht, war sie es nicht wert, weiter verfolgt zu werden. Ab in den Papierkorb! Jede Idee die Gott in den Augen von uns Menschen groß macht und die Menschen aufbaut und ihnen inneren Frieden und tiefe Freude schenkt, wird sich durchsetzen.

Es könnte sein, dass ich dem einen oder anderen in unserer Gemeinde mit meinem Tempo und meiner Dynamik auf den Keks gehe. Ich bilde mir wirklich nichts drauf ein und mache mir schon ein schlechtes Gewissen draus, wenn ich jemand „überfahre". Aber der Überraschungseffekt ist nun mal meine Waffe gegen diese schlafende Kirche, die ich einfach unerträglich finde. Dabei muss ich bereit sein, für diese Ideen auch gegebenenfalls die Prügel einzustecken. Die Schnarcher schlagen zurück. Aber ich finde es wirklich beschämend, dass Menschen, die einfach nur zusammen beten oder singen wollen, betteln müssen, um dafür einen Raum in einer Gemeinde zu bekommen, während man gleichzeitig von der Kanzel aus beklagt, wie wenige Christen heutzutage noch beten. Ich bekomme so manches mit auf meinen Reisen durch die Gemeinden.

Ist das nicht ein Witz? Gott, der übersprudelt mit seinen Ideen in der Schöpfung, der diese Welt und die Menschen so überaus fantasievoll kreiert hat, der durch seinen Heiligen Geist in den Herzen und Köpfen seiner Gläubigen wirkt, er muss fassungslos sein, wie wenig wir für die Frische dieses Geistes übrig haben. Vielleicht treibt er sich deshalb in den Wagemutigen rum, damit etwas geschieht. Und der Muff weggeblasen wird.

Es ist sehr schwer, alleine mutig zu sein. Wenn man etwas verändern möchte, muss man sich Verbündete suchen. Man muss wissen, für was es sich lohnt zu kämpfen und fähig sein, Kritik einzustecken. Letzteres kann ich selbst nicht besonders gut, weil ich immer mit sehr viel Gefühl und Leidenschaft meine Ideen verfolge. Ich tröste mich aber damit, dass das die wenigsten Menschen können. Dann höre ich oft; nun ja, wenn es konstruktive Kritik ist! Machen wir uns nichts vor, auch eine noch so sachliche und konstruktive Kritik tut weh, weil sie an unserem Selbstbewusstsein kratzt.

Manchmal ist mein Selbstwertgefühl 8 cm über dem Boden, aber manchmal auch 800 Meter. Ich weiß das. Ich bin ein mutiger Feigling, ein bisschen verrückter als andere und traue mich, glücklich zu sein. Deshalb bin ich gerne in unserer katholischen Kirche und weiterhin begeistert. Ich fordere sie ein bisschen heraus. Das ist meine alte Sportlerseele; für einen guten fight bin ich immer zu haben. Schließlich hänge ich mich für sie auch weit aus dem Fenster. Und ich bin der Meinung, dass die, die in unserer Kirche sich wirklich einsetzen und kreativ sind, mehr Gehör finden müssten, als die lauten, Kritiker, die nie einen Finger rühren.

Eure Schwester Teresa

14. Liebe Pfarrer,

sicher gehört Ihr zu den aufgeschlossenen und liebevollen Priestern auf dieser Welt – Ihr, die Ihr meinen Brief lest. Ihr seid doch sicher spirituelle Menschen, könnt über Euch selbst lachen, betet in der Tiefe Eures Herzens und verkündigt dann aus dieser geheimnisvollen Begegnung mit dem Gott, für den Ihr täglich Euren Dienst tut, für den Ihr lebt. Ihr geht liebevoll mit den Menschen um und man sieht Euch an, dass Ihr Euch freut, Christen zu sein – trotz der täglichen Tretmühle. Was hat man Euch nicht alles auf die Schultern gepackt! Ihr verwaltet Gemeinden, die wie mittelständische Betriebe organisiert sind; Ihr habt einen wahren Sitzungsmarathon; dauernd will man von Euch Entscheidungen; Ihr sollt Personal führen, Etats aufstellen und überwachen, Öffentlichkeitsarbeit betreiben. Und dann sollt Ihr auch noch für die Menschen in Eurer Gemeinde da sein! Ich weiß manchmal nicht, wie Ihr das schafft. Aber Ihr schafft es. Und das finde ich wunderbar! Bitte, lasst Euch nicht entmutigen! Wir brauchen Euch so sehr. Lasst Euch Eure Begeisterung nicht nehmen! Heimlich leben wir von Eurer Ausstrahlung und Eurer Stärke, auch wenn wir es Euch viel zu selten sagen. Mit Eurem Mut und Eurer Liebenswürdigkeit bringt Ihr uns dem Himmel ein bisschen näher.

Eigentlich wollte ich den anderen Pfarrern schreiben; aber ich fürchte, sie werden meinen Brief gar nicht lesen. Das könnte daran liegen, dass sie Angst haben vor einer weiteren Verletzung und sich davor schützen wollen. Mein Brief will Euch aber nicht verletzen. Es ist nur ein Versuch, mein Herz und das vieler anderer zu erleichtern, weil wir traurig sind, und diese Traurigkeit möchte ich endlich loswerden. Ich bin traurig über Euch, die ihr so viele Menschen vor den Kopf stoßt – Ihr, die Ihr selber traurig seid und eng und angstvoll darauf bedacht, nichts falsch zu machen. Ihr, die Ihr Euch zu eifernden Wächtern kirchlicher Gesetzbücher macht, zu schimpfenden, klagenden, lamentierenden, drohenden Verteidigern einer untergehenden Welt. Meint Ihr, damit könnt Ihr Gott verteidigen? Seid Ihr Gott wirklich so nah? Glaubt Ihr, Gottes Gegenwart in dieser Zeit hinge von der exakten Konservierung der kirchlichen Zustände von 1958 ab?

Was ist das für ein Gott, von dem Ihr so genau Bescheid wisst, den Ihr als einen predigt, der sich scheinbar nur noch mit Ekel von dieser Welt und dieser Generation abwenden kann? Ich kenne diesen Gott nicht. Ich kenne nur den Gott des Evangeliums. Und der kommt immer wieder auf uns zu und sucht in allen Generationen die Verlorenen. Sind wir nicht alle gemeinsam unterwegs zu diesem menschenfreundlichen Gott? Ich weiß, dass viele einen Schutzpanzer um sich herum aufgebaut haben; verständlicherweise, wenn man nur Angriffe erlebt und die Erwartungen in den Himmel steigen. Aber der Glaube lebt doch von Erneuerung und Weitergehen. Der Heilige Geist beflügelt doch das Herz, sich zu öffnen. Wer näher zu Gott kommt, dessen Herz öffnet sich umso mehr für die Menschen. Liebe Pfarrer, fragt mal Eure Gemeinden, ob sie den Eindruck haben, dass Ihr sie von Herzen gern habt. Wenn sie mit einer Antwort zögern, müsst ihr an Euren spirituellen Basics arbeiten ...

Manchmal bin ich traurig über die vielen Kirchgänger, die beim Glauben ihrer Erstkommunion und der religiösen Tradition ihrer Kindheit stehen geblieben sind, aber manche von Euch sind das auch. Ihr stellt Euch gegen jede Form der Erneuerung und verhindert so viel in unserer Kirche, weil ihr doch das „Sagen" habt. Es ist wirklich erschütternd, um welche Auseinandersetzungen es in manchen Gemeinden mit ihren Pfarrern geht. Immer wieder höre ich von einzelnen engagierten Christen aus den Gemeinden, die „am Pfarrer" scheitern und sich distanzieren. Warum ist das so? Ich habe jedenfalls noch nie eine Umfrage gelesen, die sich mit diesem Phänomen in unserer Kirche beschäftigt hat: „Wie viele Christen verlassen die Gemeinschaft der Kirche, weil Pfarrer ihr Engagement verhindern?" Ich kann wirklich nicht glauben, das diese Laien alle nur „Spinner" sind, wie ein Pfarrer es mal ausdrückte.

Auf was wartet ihr? Ist unsere Zeit nicht begrenzt, unser Auftrag nicht klar? Nein, es ist nicht so, dass ich alles schwarz sehe, im Gegenteil. Ich suche jeden Farbklecks in unserer Kirche und freue mich darüber, aber es tut mir weh, wenn engagierte Christen unter verbitterten Priestern leiden. „Wer nichts tut, stirbt", sagte mir Professor Paul Zulehner in einem Gespräch, in dem es um die Situationen der Gemeinden ging. Der Mann hat ein großes Herz für die

Kirche. Ich habe erlebt, wie seine Vorträge Menschen begeistern. Die Leute hatten das Gefühl, in den Startlöchern zu sitzen, aber das Erste, was sie anschließend sagten, war ein „Ja, aber": „Ja, aber, wenn wir in diese Richtung gehen – was sagt dann unser Pfarrer dazu?"

Ich habe ein konkretes Beispiel vor Augen: Es war für mich ein Drama, wie ein alter Pfarrer durch seine destruktive Art vieles von dem zerstörte, was er in jüngeren Jahren aufgebaut hatte. Früher muss er zu den Fortschrittlichen gehört haben. Irgendwann kam dieser Umschwung, dieser Frust, diese Müdigkeit. Dann wehrte er ab, spielte den „Mächtigen", baute sich einen Schutzwall auf. Im Gottesdienst pflegte er sogar von der Kanzel den lauten Hustern streng und vorwurfsvoll Einhalt zu gebieten, sie sollen „endlich ruhig sein, er würde sein eigenes Wort nicht mehr verstehen".

Einsamkeit und Unverständnis verhindern, dass das Leben eines Priesters gelingt. Verletzte Menschen verletzen, verletzte Pfarrer auch. Nicht nur viele Christen ziehen sich aus den Kirchen zurück, auch manche Pfarrer haben den Rückzug angetreten. Sie tauchen kaum noch zu Veranstaltungen auf, sind unnahbar und eigensinnig geworden und da gewinnt man den Eindruck, dass nichts mehr läuft. Wo nichts läuft, läuft auch nichts schief. Eine tote Gemeinde kann mit sich und ihren Pfarrern zufrieden sein. Nein, ich will nicht zynisch werden. Aber ein Christ darf sich von einem Pfarrer viel erwarten. Er hat Gott auf seiner Seite, wenn er von den Verkündigern verlangt, dass sie ihre erste Liebe nicht verraten. Man möchte doch wenigstens eine

Spur von Verliebtheit bemerken, jener starken Kraft des liebenswerten Gottes, der ein Menschenleben bewegt hat, sich dem Dienen zu verschreiben.

Es ist wirklich nicht so, dass ich manche Reaktionen von Pfarrern nicht verstehe. Ich leide mit, und ich frage mich, was aus unseren Gemeinden werden soll, die so fixiert auf den „Pfarrer" sind, fast noch mehr als auf Gott. Und ich weiß, dass auch viele Gemeinden ihren Pfarrer kaputtgemacht haben, die mit Engagement begonnen hatten aber dem Druck der Kritik und der unzähligen Erwartungen nicht mehr standhalten konnten. Wir sind alle so unterschiedlich in der Kirche, jeder hat eine eigene, subjektive Meinung, jeder hat seine Erfahrungen und Enttäuschungen, seine Krisen und Freuden. Unterschiedlichkeit muss doch aber nicht gleich Konkurrenz bedeuten. Wir haben unterschiedliche Gaben, aber doch den einen Geist. Wir haben unterschiedliche Dienste, aber doch den einen Herrn und wir haben unterschiedliche Kräfte in uns und doch den einen Gott. Was uns verbinden könnte, wäre eine gemeinsame Vision, wie wir alle unsere Gaben und Dienste und Kräfte für ein großes Ziel bündeln: Gott zu loben und die Menschen aufzubauen. Nicht nur der Priester alleine, sondern alle zusammen mit ihnen für dieses große, einzigartige Ziel unseres Lebens. Aber ich fürchte, dass viele von Euch entweder kein Ziel mehr haben oder zu müde dafür geworden sind.

Ihr habt Euch doch von Gott berufen lassen. Wenn Gott mit Eurer Bereitschaft rechnet, dann dürft auch Ihr mit

IHM rechnen. Er hat doch alles für Euch übrig und Euch gesegnet.

Stellt Euch vor: Was Ihr nicht könnt, kann Gott! Auf andere Weise, vielleicht auf eine Weise, die nicht im Pastoralplan vorgesehen ist. Vielleicht hat er Euch schon längst Gläubige an die Seite gestellt, die etwas für Euch tun sollen. Ihr habt es nur noch nicht gemerkt. Das schmälert keineswegs Euren Dienst, wenn Gott seinen Gläubigen Ideen, Kreativität und besondere Gaben schenkt.

Ich erinnere mich, wie ein Priester zu einem ganz „erfolgreichen" Pfarrer kam. Da dieser ganz viel in seiner Gemeinde bewegen konnte, wollte er von ihm erfahren, wie er das angestellt hatte. Da gab ihm der kluge Pfarrer den Rat, er müsse anfangen a) sein eigenes Leben zu lieben, b) gerne andere wirken zu lassen und c) genügend Zeit mit Gott zu verbringen. Der Priester war enttäuscht, denn er hatte bloß drei Dinge vernachlässigt: a) sein Leben zu lieben (denn er gönnte sich schon lange nichts mehr), b) etwas aus der Hand zu geben (denn er war ein Perfektionist und fühlte sich für alles verantwortlich) und c) Zeit für Gott zu haben.

Ich denke, dass es vielen von Euch genauso geht und ich wünschte mir, man würde Euch mehr ansehen, dass Ihr Lebensfreude in Euch habt, dass Ihr über Gottes Wirken staunen könnt und bemerken, wie Ihr aus dieser Verbindung mit Eurem Chef lebt und liebt. Seid einfach ein bisschen barmherziger mit Euch selber, das wird dann auch den anderen um Euch gut tun.

In einem Dekanat wurde vorgeschlagen, man könnte doch einen Predigeraustausch machen, das könnte die Gottesdienste etwas beleben. Es scheiterte daran, dass ein Priester Angst hatte, der andere würde besser predigen als er selber. Wisst Ihr, ich glaube, dass das ein ganz großes Problem für Euch ist: Ihr wollt Euch nicht in die Karten schauen lassen. Diese Eigenbrötlerei macht Euch kaputt. Der Nachbarpfarrer ist doch nicht Euer Konkurrent. Oder ist das nur Schall und Rauch, wenn Ihr vom „Mitbruder" sprecht?

Ich verstehe auch nicht, warum Ihr lieber alleine vor Euch hin lebt, als eine Gemeinschaft zu suchen. Warum esst Ihr nicht einmal in der Woche bei Euren Kollegen oder trefft Euch öfters? Dann wärt Ihr auch nicht so einsam. Hier bei uns haben wir die Kleine Kommunität gegründet und leben im Pfarrhaus mit dem Pfarrer zusammen, damit er die „Communio" erlebt, über die er jeden Sonntag predigt. Wir leben und beten und arbeiten als Team hier und der Pfarrer ist seitdem ein anderer Mensch geworden. Menschen, denen ihr Pfarrer wichtig war, spürten, wie er plötzlich auflebte und „nahbar" wurde, wie er mehr Lebensfreude in sich hatte und glücklicher aussah. Gemeinschaft heilt, nicht nur von Einsamkeit. Natürlich war es für ihn am Anfang eine Umstellung. Wer immer nur alleine gelebt hat, verliert oft das Gespür nicht nur für die Zeit, sondern auch für eine notwendige Lebenskultur.

Wir hatten auch schon Pfarrer zu Besuch, die bekannten: „Wenn ich nicht bald eine Art von Gemeinschaft finde, werfe ich das Handtuch. Ich packe es allein nicht mehr!" Gemeinschaft ist machbar. Liebe Priester, probiert es aus, bevor Ihr die Koffer packt.

Ich würde mir wünschen, dass Ihr alle diese Erfahrung der Anerkennung und der gemeinschaftlichen Zuwendung hättet. Vielleicht wären dann weniger von Euch so verbittert und abgehoben. Ich würde mir wünschen, dass Ihr weniger Angst hättet vor den Menschen, wenn Ihr ihnen begegnet. Gott erwartet doch von Euch keinen spirituellen Hochleistungssport, sondern er schickt Euch zu einfachen, geplagten Menschen, die hin- und hergerissen sind vom Leben. Ihr sollt ihnen vorleben, dass Gott mitten in ihrer Welt erfahrbar ist. Glaubwürdig ist das nur, wenn Ihr selbst in dieses Leben eintaucht, wenn Ihr fröhliche, zufriedene, positive, gläubige Menschen seid.

Bitte seid einfach ein bisschen gut zu Euch, denn wir brauchen Euch alle .

Schwester Teresa

15. Lieber Papst Johannes Paul II.,

hoffentlich bist Du mir nicht böse, wenn ich Dich duze, aber das tue ich nicht aus Respektlosigkeit, sondern weil es mir dann leichter fällt, Dir mein Herz auszuschütten. Hermann Hesse hat einmal gesagt: „Wenn Du jemand magst, dann bitte ihn um die Güte, ihn duzen zu dürfen und vielleicht erkennt jener, wie sehr Du ihn magst". Ich mag Dich, nicht nur weil Du „mein" Papst bist. Seit ich 1984 getauft worden bin, Christin wurde und katholisch, leitest Du als Papst mein geistliches Zuhause. Ich verstehe mich als ein Kind dieser Kirche und deswegen darf ich Dich so formlos ansprechen. Ich mochte Dich von Anfang an, hatte mir zu Beginn meines Christseins sogar eine Nachbildung des Kreuzes gekauft, das Du als Papststab trägst. Das musste so sein. Der Pfarrer, der mich damals taufte, hat damals sogar Deinen „Apostolischen Segen" auf einem schönen verzierten Blatt aus Rom bestellt. Dein Bild ziert dieses Dokument, aber irgendein Kardinal hat es wohl in Deinem Namen unterschrieben.

Ich nehme mal an, Du hast es nicht mitgekriegt, dass sich in Deutschland eine 19-jährige in die Reihe Deiner Schäflein eingegliedert hat. Als Hirte kannst Du Dich ja wirklich nicht um jedes neue Christkind kümmern, das ist mir völlig klar. Ob ich allerdings ein „schwarzes Schaf" in Deiner Familie geworden bin, kann ich Dir eigentlich gar nicht genau sagen; ich fühle mich nicht so. Aber manche Leute denken das wahrscheinlich über mich. Ich stelle zu viel verrückte Dinge an, die sich für eine Schwester nicht gehören. Das mit dem Skateboardfahren in der Kutte geht bei Dir sicher durch, auch wenn sich ein paar Superfromme mächtig darüber aufgeregt haben. Kardinal Ratzinger hat gerne Fußball gespielt – vielleicht war es ja nur die falsche Sportart. Du selbst bist ja immer gerne Ski gefahren und ein paar Bischöfe berichten hinter vorgehaltener Hand, dass sie von Dir schon einmal in der Badehose am Pool empfangen wurden. Nur schade, dass kein Fotograf dabei war, es hätte Dir echt Pluspunkte gebracht.

Wie auch immer, ich liebe das Leben und bin immer noch so begeistert von Gott. Ich diene mit viel Freude in der Kirche, auch wenn ich schon manche Schläge dafür eingesteckt habe. Aber Du kennst das ja. Man wird so oft missverstanden, wenn man begeistert ist. Dann ist man gleich verrückt bei denen, die nur kritisieren und gar nichts tun. Man kann es nicht allen Recht machen, und wer Fehler suchen will findet auch immer welche.

Also, ich mochte Dich von Anfang an und fand es toll, dass Du nicht die ganze Zeit in Deinem Palast sitzengeblieben bist und nur Anweisungen gegeben hast. Du hast Dich zu den Menschen aufgemacht, bist in alle Teile dieser Welt gereist. Manchmal haben die Regierungschefs, die Dich an den Gangways willkommen heißen mussten, ganz schön blöd aus der Wäsche geschaut, weil Du mit Deinen Besuchen Dinge in Bewegung gebracht hast, die ihnen gar nicht in den Kram passten. Ich musste immer an Jesus denken, der keine Berührungsängste kannte, der auf die Menschen zugegangen ist und sie in ihrer Not gesucht hat, ob es den Ordnungskräften gefiel oder nicht. Natürlich bist Du geflogen, wie sollte es auch anders gehen. Auch dafür hast Kritik eingesteckt. Deine Kritiker fahren wahrscheinlich noch heute mit der Postkutsche und dem Dampfschiff. Du hast Dich auf die Verkehrsmittel unserer Zeit eingelassen und die moderne Seelsorge betrieben, die man Dir so oft abspricht.

Ich fand das immer schon beeindruckend und finde es heute umso faszinierender: Du gibst nicht nach. Du willst den Kontakt mit den Leuten und ziehst die Massen an. Nicht nur die Alten, Frommen und „Immerschonkirchgänger", sogar Millionen von Jugendlichen kommen, wenn Du sie einlädst. Vieles gibt es, was mich an Dir wirklich begeistert. Nun muss ich Dir aber auch gestehen, dass ich einmal in einer Fernsehsendung, als ich an einen „Lügendetektor" angeschlossen wurde und alle Fragen nur mit Ja oder Nein beantworten durfte, „Ja" gesagt habe, als ich gefragt wurde, ob ich einen neuen Papst will. Gott sei Dank durfte ich mich danach erklären. Bitte nimm es nicht persönlich: Ich hatte nicht die geringste Absicht, Deinen Erfolg zu schmälern und Deinen großartigen Dienst herunterzumachen. Ich erklärte damals, dass man die Größe Deines Lebens und Wirkens erst erkennen wird, wenn Du einmal nicht mehr auf Erden bei uns bist. Aber ich meinte auch, für das nächste Jahrhundert (die Sendung war 1994), bräuchten wir einen Papst, der nicht aus Europa stammt, der die afrikanische Begeisterung oder das lateinamerikanische Feuer der Laien mitbringt. Nichts für ungut. Wer hätte damals auch ahnen können, dass Du die Vision hattest, die Kirche ins nächste Jahrtausend zu führen, und dass Gott noch so viel mit Dir vor hat und Dir soviel Kraft und Willensstärke geschenkt hat. Weißt Du, lieber „Vater", das meine ich heute immer noch. Darf ich Dir das freimütig sagen? Wenn Dein irdischer Weg einmal zu Ende ist, dann bloß keinen neuen Papst aus Europa! Wir brauchen frischen Wind, ein bisschen Farbe auf den Bildschirmen, neues Feuer für die Kirche! Wir brauchen eine Lebendigkeit, die auch jene wieder ansteckt, die nur halbherzig ihr Christentum praktizieren oder von der Kirche überhaupt nichts mehr wissen wollen. Gott wird Dir schon das Richtige eingeben, es ist schließlich seine Sache.

Du bist der Kritik niemals aus dem Weg gegangen, hast Dir den Wind ins Gesicht blasen lassen. Der Heilige Geist hat sich schon öfter im Wind versteckt. Warum nicht im Gegenwind? Darum traue ich mich, Dir auch meine Verärgerung mitzuteilen: Deine Nachfolgepolitik der letzten Jahre hat mich verunsichert, enttäuscht, wütend gemacht. Manche Bischöfe, die Du ernannt hast, wären sicherlich besser nie welche geworden, soviel Unheil haben sie in ihren Bistümern angerichtet. Hattest Du Angst vor jungen, aufgeschlossenen Bischöfen? Die untadelig gekleideten Linientreuen, strammen Bedenkenträger und eisernen Konservativen, die Du ausgewählt hast, verwandelten sich mit der Weihe nicht gerade in mitreißende Hirten ihrer Gemeinden. Ich hatte den Eindruck, als wolltest Du mit Gewalt etwas für die Zukunft festschreiben. Oder täusche ich mich?

Was haben wir nach Dir zu erwarten? Entschuldige, bitte verstehe mich nicht falsch, ich erwarte mir jetzt von Dir auch noch eine ganze Menge. Du kannst noch Vieles in die Wege leiten, was für uns notwendig ist. Aber wenn man Dein Alter erreicht hat, dann muss man sich ja Gedanken darüber machen, wem man das Erbe hinterlässt. Ich dachte immer, eine große Persönlichkeit weiß, wann es Zeit ist abzugeben und den Jungen eine neue Chance zu geben. Ich kenne einen Geschäftsmann, der das nicht kann, weil er meint, dass es ohne ihn nicht weitergehen wird. Er hört einfach nicht auf zu arbeiten und belastet damit nicht nur seine Familie, sondern auch den Aufschwung seines Betriebes.

Du darfst wirklich nicht denken, dass ich Dich loshaben will, im Gegenteil, ich traue Dir gerade in diesen Jahren noch eine ganze Menge zu. Du verdienst Respekt und Anerkennung. Nur wenn ich Dich so gebrechlich am Bildschirm sehe, tut mir das weh und ich denke manchmal: Auf diesem alten Mann liegt die Last der ganzen Kirche. Manchmal hat mich das auch geärgert. Kein Wunder, wenn die Leute sagen, dass wir in der katholischen Kirche veraltet und am Ende sind.

Aber vielleicht bist Du, so wie Du bist, auch eine Lektion für uns. Gerade jetzt, wo in unserer Gesellschaft die „Alten" nicht viel gelten, da trittst Du auf, und Du hältst durch, und Du hast etwas zu sagen. Du nimmst alle Anstrengungen auf Dich und die Leute müssen Geduld aufbringen, bis Du Deine Worte ausgesprochen hast. Und das ist vielleicht sehr gut so. Wir müssen lernen, uns Zeit zu nehmen und das Hören einzuüben. In unserer Welt, wo nur das Schöne, das Gesunde und Starke zählt, da hast Du Mut in Deiner Altersschwäche „aufzutreten". Du forderst uns heraus. Du zeigst uns, dass unser Körper auch gebrechlich und schwach sein darf, unansehnlich und verletzbar. Ein paar nachdenkliche junge Leute haben mir gesagt, dass sie voll Staunen waren, als sie gesehen haben, dass in einem solch gebrechlichen Körper ein wacher, dynamischer und junger Geist wehen kann. Dafür danke ich Dir.

Ich danke Dir auch dafür, dass Du den neuen geistlichen Gemeinschaften Raum gibst zur Entfaltung und zum Ausprobieren, und dass manchmal sogar peppige Töne aus Rom zu hören sind, aber leider noch viel zu selten.

Lieber Papst, nur eines kommt mir nicht nur spanisch, sondern sehr „römisch" vor. Steckst Du wirklich selbst hinter all den Äußerungen, die aus Rom zu uns dringen? Auch jenen, wo wir innerlich aufschreien, weil wir das von Dir nicht erwartet haben? Da triffst Du Dich mit evangelischen und orthodoxen Christen zu gemeinsamen Gottesdiensten, da suchst Du die Begegnung mit Juden und Muslimen, findest Dich sogar zum gemeinsamen Gebet mit Indianern und Buddhisten bereit, und plötzlich wird aus Rom verkündet, dass wir die wahre und im eigentlichen Sinne einzige Kirche sind. Das war ja eine schöne Bescherung an der Schwelle zum neuen Jahrtausend.

Ich erkenne darin die Art Jesu nicht wieder. Was er ist, haben die Menschen dadurch erkannt, wie er lebte und liebte. Jesus hat für die Wahrheit Zeugnis gegeben, nicht aus Rechthaberei, er trat nicht mit Geltungsansprüchen auf, sondern erwies seine Einmaligkeit auf eine unaufdringliche Weise, indem er ganz für Gott seinen Vater lebte und sich vorbehaltlos in den Dienst der Menschen stellte. Es ist für einen normal denkenden Menschen nicht nachvollziehbar, dass Christen, die sich ernsthaft bemühen, Jesus als Herrn anzuerkennen und zu ihm zu gehören und die ihr Leben in seinen Dienst stellen plötzlich nicht mehr im vollen Sinn unsere Schwestern und Brüder sein sollen. Habt Ihr Euch keine Gedanken gemacht, wie das bei den vielen getauften Christen ankommt? Jesus hat nie so gesprochen, dass sich jemand ausgeschlossen wissen musste. Schade! Das hat unseren ökumenischen Bemühungen geschadet. Das hat Vielen wieder einmal Leid zugefügt. Natürlich weiß ich auch, dass die Medien oft nur einen Satz aus dem Zusammenhang reißen und ihn dann oftmals sinnentstellt vermarkten, aber das müsstet Ihr doch inzwischen wissen und noch sensibler mit Veröffentlichungen umgehen.

Vielleicht wird es die Verfasser solcher Formulierungen nicht nur überraschen, sondern erschüttern, wie sich der Heilige Geist zur Zeit gerade in nichtkatholischen „Kirchen" herumtreibt, und was Jesus dadurch alles bewirkt. Manchmal könnte ich vor Neid erblassen, wenn ich die innere Freiheit und Freude bei unseren evangelischen Mitchristen bemerke und wenn mir auffällt, mit welchem missionarischen Elan sie Menschen zu Christus führen.

Bist Du für solche Schreiben persönlich verantwortlich? Ich weiß nicht, was ich denken soll! Hör bitte zu, ich liebe diese meine Kirche. Deswegen leide ich sehr darunter, und mit mir Tausende von katholischen Christen. Wir leiden unter solchen Verlautbarungen, die nur lähmen und uns um Jahre zurückwerfen. Als hätte es kein Konzil gegeben, keine Erneuerung, keinen Aufbruch in den Ortskirchen! Ich kann nicht glauben, dass Du dahinter steckst. Ich kann auch nicht glauben, dass die Bischöfe in ihren Bistümern keine Ahnung oder zu wenig Heiligen Geist mitbekommen haben, um ihre Probleme allein zu lösen, ohne dass Rom immer wieder eingreift. Traust Du Deinen Leuten so wenig zu?

Ich hab' Vertrauen zu Dir. Ich vertraue darauf und bete dafür, dass Gott Dich Tag für Tag führt. Du hast auf allen Kontinenten die Vielfalt und Buntheit gesehen, die von der Lebendigkeit und dem Wirken des Heiligen Geistes zeugt. Bitte, lass nicht nach mit der Öffnung unserer Kirche für den Heiligen Geist und die Menschen, die so sehr Gott brauchen. Du kannst noch so viel bewegen und veranlassen. Ich freue mich über jedes Zeichen, das Du in diese Richtung setzt. Letztes Jahr waren wir mit einer Gruppe aus unserer Pfarrei bei Deiner Audienz am Petersplatz. Ich stand irgendwo mittendrin. Wir haben sehr lange gewartet und die Sonne knallte unbarmherzig auf uns herab. Aber als Du kamst, ging ein Raunen durch die Menge und selbst einige unserer jüngeren Leute, die sich manchmal schwer tun mit der Kirche, waren begeistert und angetan von Dir. Du hast uns berührt. Unsere Gemeinden brauchen Erfrischung und Erneuerung. Wir brauchen neue Zugänge zum Glauben und neue Formen, für die, die mit Kirche nichts mehr am Hut haben. Wir brauchen diesen missionarischen Elan, den Du Zeit Deines Lebens als Papst aufgebracht hast. Und wir brauchen Deine Unterstützung, um die alten Krusten aufzubrechen, die Schönheit der Tradition zu entdecken, das Feuer der Begeisterung zu entfachen und im Geiste Jesu und des Evangeliums eine lebendige, einladende Kirche aufzubauen. Ich denke an Dich.

Deine Schwester Teresa

16. An alle Besserwisser und Nörgler in der Kirche,

Euch habe ich nichts zu schreiben. Ihr wisst sowieso alles besser. Nur Eines ist merkwürdig. Die meisten von Euch engagieren sich überhaupt nicht, rühren keinen Finger in den Gemeinden. Das Einzige, was sich bei Euch bewegt, ist Euer Mund. Ja, ihr seid auch auf der Suche – nach Sündenböcken und Alibis für Eure Verweigerung. Ihr macht lächerlich, was anderen wertvoll ist. Ihr selbst aber versteht überhaupt keinen Spaß, geschweige denn etwas von Humor. Macht nichts, wir werden Euch überleben.

Schwester Teresa

17. Liebe Ordensschwestern,
liebe Mitschwestern,

nun sind es schon sieben Jahre, seit ich mein „altes" Kloster verlassen und eine neue Gemeinschaft im Bistum Bamberg gegründet habe: Die „Kleine Kommunität der Geschwister Jesu". Fast neun Jahre waren vergangen, bis ich mich entschied, einen anderen Weg einzuschlagen und mich nicht auf Lebenszeit an mein damaliges Kloster zu binden.

Neun Jahre sind eine lange Zeit, und ich muss sagen, dass es wunderbare Jahre waren, die ich den Vinzentinerinnen von Fulda verdanke. Dabei muss ich Euch nicht erzählen, welche Phasen ein junger Mensch durchmacht, bis er sich berufen weiß, einen solchen Schritt in Erwägung zu ziehen und mutig zum ersten Mal an eine Klostertür klopft. Ich muss Euch auch nichts erzählen von der anfänglichen Begeisterung in den ersten Jahren der Einübung der Stille, des Gebetes, der Ideale und der eigenen Auseinandersetzung mit sich selbst, mit seinen Mitschwestern, mit Gott. Ihr wisst um die kleinen und großen Probleme, Kämpfe und Zweifel, die sich im Innern einer Schwester abspielen, um die täglichen Anstrengungen, die aufreibende Arbeit, aber auch den beglückenden Dienst am Menschen.

Während wir hier noch im Feuer des neuen Aufbruchs, der Suche nach Gottes Weg für uns, die ersten Anfangsschwierigkeiten gerade so hinter uns gebracht haben, könnt Ihr alle auf eine manchmal sogar jahrhundertelange Tradition zurückschauen. Ihr habt die glühenden Gründer und

Gründerinnen, pflegt ihr Andenken, ahmt sie als Vorbilder nach und haltet in Liebe an Eurer Berufung fest. Aber die Zeiten haben sich geändert, und wie sie sich geändert haben. Ihr habt heute ungeahnte Probleme zu lösen, müsst immer wieder Niederlassungen schließen und Vieles aus der Hand geben, weil die Zahl der Schwestern radikal abnimmt.

Ihr sucht schon lange nach einer neuen Identität und zeitgemäßer Auslegung Eurer ursprünglichen Regel. Ihr steht unter dem Anspruch, Euch immer wieder auf das Evangelium zu besinnen und Euer Leben spirituell zu gestalten. Ihr habt Eure altgewordenen Schwestern zu pflegen und zu beschäftigen, denn es gibt nichts Schlimmeres, als sich nicht mehr gebraucht zu fühlen. Auch im Ordensleben. Ich weiß noch, wie wir junge Schwestern das bedrückende Gefühl hatten, die Generation zu sein, die die meisten Beerdigungen miterlebt. Jede Beerdigung bedeutete zwar, ein Fest im Gedenken an einen bewundernswerten Menschen zu feiern, der sein Ziel nun erreicht hat, aber es war auch ein Verlust für die Gemeinschaft. Ich kann die Spannung, in der Ihr lebt, nachfühlen, denn ich war – und bin im Herzen – ja eine von Euch, und das aus innerster Überzeugung. Vieles können Außenstehende nicht verstehen und nachvollziehen. Wer nicht selbst einen solchen Weg gegangen ist, kann nur schwer die kleinen und großen Probleme, die Eigenheiten jeder Gemeinschaft und der verschiedenen Ordenshäuser verstehen. Ihr wart ein ganz wichtiger Teil meines Lebens. Aber es war eben nur ein Teil und je größer der Abstand wird, desto deutlicher werden für mich die Konturen. Was davon bleibt, ist das, was tiefer gegangen ist, und die Seele schmerzlich berührt oder begeistert hat.

Immer werde ich eine Kämpferin für das Ordensleben sein, sonst ginge ich nicht in diese verrückten Talkshows, um zu bezeugen, dass Eure und meine Lebensweise eine der aufregendsten und aktuellsten Sachen in der Welt ist. Es ist ein Weg für dienende Menschen, es ist ein mystischer Weg, ein Weg, um ein reifer, tief beglückter Mensch zu werden. Gleichzeitig ist es auch ein schwerer und einsamer Weg. In einer Gemeinschaft kann einer sich entfalten oder verkümmern. Immer muss man sich selbst riskieren, muss ein Leben lang einüben, den anderen anzunehmen.

Ich habe inzwischen genügend Abstand gewonnen, dass ich meine Erfahrungen abwägen und über vieles im Nachhinein schmunzeln kann. Dennoch mache ich immer wieder die selben Beobachtungen, aber ich weiß nicht, ob Ihr mir Recht geben könnt. Ist es nicht eigenartig, dass die erste Frage von zwei Ordensleuten aus verschiedenen Gemeinschaften, die sich begegnen, fast immer die gleiche ist? „Wie viel Nachwuchs habt Ihr?" Aber selten wird gefragt: „Was tut Gott in Eurer Mitte?!" Was tut Gott in Eurer Gemeinschaft, oder was erlebt Ihr zur Zeit mit ihm? Eigentümlich ist auch, dass sich Ordensschwestern und Ordensbrüder, egal wo sie einander begegnen, ob in Rom, Köln, Fulda, München oder Wien, nur kurz angebunden zunicken und kaum Kontakt suchen, als seien die anderen Konkurrenz für sie. Gehören wir nicht alle zu einer Familie?

Ich erinnere mich noch, es war kurz vor meinem Klostereintritt. Ich begegnete einer Ordensschwester, der ich freudenstrahlend erzählte, dass ich auch in ein Kloster eintreten wolle. Sie schien sich aber kaum dafür zu interessieren. Es kam mir sogar vor, als sei es ihr unangenehm, meine Fragen zu beantworten, vielleicht weil für sie alles so selbstverständlich war. Vielleicht hatte sie auch nur einen schlechten Tag, oder ich erwartete zu viel. Ich war eben so glücklich, dass ich dachte, man müsste mir das ansehen. Es kann auch die klösterliche Zurückhaltung gewesen sein. Wie auch immer. Manchmal kommt es mir so vor, als gebe es da so etwas wie ein Konkurrenzdenken. Ich habe dafür null Verständnis, und ich habe echtes Interesse daran, wie es einer Gemeinschaft geht und was Gott in ihr tut.

Immer wieder erreichen uns Anfragen von Ordensschwestern, die unter den Bedingungen in ihrem Konvent oder Kloster leiden: Zu wenig Freiraum, alte Strukturen, zu viel Arbeit, zu wenig Freizeit, aber gleichzeitig zu viel Zeit, die von Mitschwestern vor dem Fernseher verbracht wird, zu wenig Offenheit untereinander, zu viele psychisch kranke Schwestern, die gemieden werden. Die menschlichen Probleme werden nicht an der Klostertür abgegeben. Und es erreichen uns Anfragen von jungen Menschen, die eine Zeit lang in einer Gemeinschaft mitgelebt haben und wieder gegangen sind oder weggeschickt worden sind, weil sie nicht „gemeinschaftsfähig" sind. Die gibt es bestimmt auch, aber ich frage mich, warum man einigen von diesen jungen Leuten unbegründete Schuldgefühle beigebracht hat, mit denen sie nicht fertig werden. Viele davon sind Berufene, aber das Kloster hat Ihre Berufung nicht erkannt. Sie wären woanders vielleicht besser aufgehoben. Leider ist auch heute noch Realität, dass Menschen einfach als „Versager" hingestellt werden, wenn sie in ein bestimmtes Ordenssystem nicht hineinpassen.

Sich mit Menschen auf den Weg machen heißt natürlich auch, sich selbst verändern zu lassen. Aber man kann nicht erwarten, dass Menschen von heute sich entweder an die vorgegebenen Strukturen anpassen, oder zur Kenntnis nehmen müssen, dass sie eben keine Berufung haben. Jeder Mensch, der hinzutritt, schafft eine neue Situation und bringt eine Idee Gottes vom Aufbruch mit ein. Eine Gemeinschaft hat natürlich das Recht und die Pflicht zu prüfen, ob der Suchende bei ihm richtig ist. Jemand, der aus Einsamkeit oder persönlichen Problemen in eine Gemeinschaft flüchtet, aber den Anforderungen in seiner Gemeinschaft ausweicht, wird bald spüren, dass er auf dem falschen Weg ist. Wer nur ein Nest sucht, wird bald auf der Strecke bleiben. Ich kann mich keiner Gemeinschaft ganz anvertrauen, wenn ich nicht bereit bin, mich ganz zu riskieren. Das Ziel ist dabei aber nicht, Vergangenes wiederherzustellen, sondern eine Zukunft zu bereiten.

Das erfordert manchmal mehr Improvisation, als es festgefahrene Strukturen ermöglichen können. Viele von Euch mühen sich um diese Offenheit und ich bin sehr froh darüber. Ich bedauere, dass es so wenige von Euch gibt, die einfach mehr in der Öffentlichkeit präsent sind und erkennbar machen, was ein Kloster wirklich ist. Leider sind die Medien für die meisten von Euch tabu, meistens sogar ein Schreckgespenst. Es gibt 1000 gute Gründe dafür. Aber ist es nicht wichtiger, präsent zu sein?

Noch mehr unter den Menschen sein? Versteht mich bitte nicht falsch, Ihr werdet zurecht einwenden, Ihr seid ja jeden Tag unter den Menschen. Ja, in Eurer Arbeit vielleicht. Aber leider seid Ihr dort nicht sichtbar, wo Menschen ihr Leben leben, wo sie mit Euch zusammen Zeit zum Reden und Lachen und Feiern oder zum Weinen hätten. Wo sie einfach mit Euch zusammen spazieren gehen und Fragen stellen können, wo sie Euch als Menschen wie du und ich erleben. Menschen, die auch Träume haben, die Bestätigung brauchen, die trauern können. Ich würde mich sehr darüber freuen, wenn Ihr ein bisschen mehr Mut hättet, Euch zu zeigen. Ihr braucht Euch wirklich nicht zu verstecken. Das Große, das Ihr tagtäglich tut, ist ein unbeschreiblicher Segen für unsere Gesellschaft und für die Welt.

Es ist eine bittere Realität, dass die meisten Gemeinschaften alt geworden sind. Aber es ist auch wahr, dass das Alter zur Reife und Weisheit führt. Ich wünsche Euch viel Sensibilität füreinander, ein gemeinsames zufriedenes Miteinander und viele Gotteserfahrungen, die Euch in dieser schweren Zeit tragen. Ich wünsche Euch ein Gespür dafür, etwas gelassen zu Ende zu bringen und Geduld zu entwickeln, Suchende vielleicht nur ein kurzes Stück begleiten zu können. Am meisten wünsche ich Euch allerdings Freude und Begeisterung auch weiterhin an Eurer Gemeinschaft, Eurem Glauben und Eurer Kirche.

Eure Schwester Teresa

18. An alle, die schon auf ein langes Leben zurückschauen können

Es ist wirklich schwierig Euch anzusprechen, ohne in irgendein Fettnäpfchen zu treten. Soll ich Euch als „Ältere", „junge Alte", „mobile Alte", „neue Alte", „alte Alte", „junge Omas" oder „junge Opas", „Senioren", „reiselustige Senioren" oder als „rüstige Hochbetagte" ansprechen? Ich bin zwar erst 37 Jahre, aber meine achtjährigen Schüler meinen tatsächlich, ich sei schon ziemlich alt. Mir kommt es so vor als wäre das Wort „alt" nur noch erlaubt, wenn man sich in Düsseldorf ein Bier bestellt. Also habe ich beschlossen, Euch einfach Freunde zu nennen, wenn Ihr auch schon um einiges älter seid als ich. Ich habe nämlich viele Freunde in dieser Generation, die auf ein langes Leben zurückschauen können. Ich nenne Euch einfach Freundinnen und Freunde, weil Ihr sehr viel Ahnung von Freundschaft habt, aber noch mehr von Gelassenheit, Humor und Lebensweisheit. Eure Geschichten von früher sind für mich spannender als ein Krimi, und ich konnte schon als Kind stundenlang am Tisch sitzen und zuhören. Ich bin dankbar für meine südländischen Erfahrungen: Die ganze Familie war zum Feiern versammelt und es wurden die „alten" Geschichten von früher erzählt. Immer lag ein Zauber darüber, der alle Zeit vergessen ließ.

Eine sehr alte Ordensschwester fällt mir dabei ein. Mit großer Freude denke ich an diese uralte Mitschwester; sie hieß nicht nur Schwester „Hortensia", sie war auch ein ganz besonderes „Pflänzchen". Leider ist sie schon verstorben, aber ich habe einen Sack voll Erinnerungen an ihre Menschlichkeit und Wärme. Sie konnte trotz ihres hohen Alters noch mit Hilfe eines Gehstockes laufen, wenn auch nur mit großer Mühe. Als das Krankenhaus, in dem sie fast ihr ganzes Leben als OP- Schwester gearbeitet hatte, umgebaut wurde, musste sie vom vierten, in den zweiten Stock umziehen. Wir Schwestern machten uns Sorgen, ob sie sich nachts zurechtfinden würde, und so beschloss ich die erste Woche in ihrem neuen Zimmer auf einer Couch zu schlafen, damit ihr nichts passierte. Sie war schon ein wenig verwirrt, dabei aber so drollig, dass jeder sie lieb hatte. Etwas bewunderte ich besonders an ihr. Sie betete ununterbrochen und gab uns jungen Schwestern ein großes Vorbild. Trotz ihrer Gebrechlichkeit nahm sie Hilfe nur sehr schwer an und wenn wir ihr Zimmer putzten, dann kam es schon vor, dass sie dabei ein besonderes Gebet raunte: „Herr, vergib ihnen, sie wissen nicht was sie tun".

Die Nächte in dieser gemeinsamen Woche bleiben mir unvergessen. Noch nie habe ich so viel gelacht, so wenig geschlafen und so viele schöne Geschichten erfahren wie durch meine Schwester Hortensia. Eines Nachts jedoch beschloss sie aufzustehen, obwohl es erst vier Uhr früh war. Um halb sechs fand erst unser Morgengebet statt. Sie war nicht davon abzubringen und so saß ich mit ihr um halb fünf in unserer Kapelle. „Jetzt schau mal, was Du angestellt hast, kein Mensch ist hier", versuchte ich ihr unsere Verfrühung klar zu machen. Sie meinte nur ganz trocken, dass man im Kloster noch mehr Opfer bringen müsse. Dann bewachte sie meinen Schlaf, bis die anderen Schwestern kamen – ich war von meinem Dienst übermüdet. Wenn wir abends miteinander beteten, sah sie bezaubernd aus. Die vielen Lachfalten um ihr Gesicht herum, ihre knochigen abgearbeiteten Hände, die immer zum Gebet gefaltet blieben. „Wie Gott will", das war ihr Reden und das war ihr Leben.

Als ich sie eines Tages fragte, warum sie ins Kloster gegangen sei, meinte sie nur verschmitzt: „Ich mag keine Männer". Auf alles hatte sie eine Antwort. Zum Thema Küssen beispielsweise: „Ich mag keine fremde Schleimhaut auf meiner Wange". Sie war eine großartige Frau, eine hingebungsvolle Krankenschwester und einfach ein wunderbarer alter Mensch. Ich streifte nur für eine kurze Zeit ihr Leben, aber sie gab mir ein Beispiel für gelungenes Altern. Sie war eben zufrieden, fromm und humorvoll. Wenn ich später einmal nur ein bisschen davon übernehmen kann, würde mich das glücklich machen.

Und dann denke ich an unsere „Oma", die Mutter unseres Pfarrers, die ihre letzten Jahre in unserer Gemeinschaft verbrachte. Wir haben sie gerne bei uns aufgenommen, und jeder Tag mit ihr war ein Geschenk für uns. Ich kann die Anekdoten gar nicht alle schildern, die mir in den Sinn kommen, aber es war eine herrliche Zeit mit einer außergewöhnlichen Persönlichkeit. Wir erlebten an ihr, wie gut einem alten Menschen Gemeinschaft tut. Nicht weniger gut tat es uns „Jungen". Mit der „Oma" ging uns auf, dass man dann gut fährt, wenn man im Leben frohen Herzens das Unbedeutende aufgibt, damit das Wesentliche zum Vorschein kommt. Sie saß gerne in meinem Büro, konnte durch die offen stehende Tür den Flur beobachten und hatte damit die „Kontrolle" über alles, was sich bei uns tat. Ihre Leidenschaft war das Stricken. Nie vergaß sie ihr Strickzeug, ganz gleich wohin sie ging. So kannte man sie. Eines Tages legte sie die Nadeln aus der Hand und rührte sie nie wieder an. So war das mit vielen Dingen. Obgleich sie schwer krank war, haben wir nicht ein einziges Mal auch nur ein Wort der Klage aus ihrem Mund gehört. Die spürbare Unruhe in den letzten Monaten wich im Sterben einer immer gefassteren Ergebenheit, die mich bis heute fasziniert. Dieser wunderbare alte Mensch hatte uns in unserer gemeinsamen Zeit so glücklich gemacht. Mir kommt es manchmal vor, als sei sie immer noch da und begleite uns. Danke, liebe Oma!

Alles geht; am Ende bleibt das Kostbarste: einfach Mensch zu sein. Ein pensionierter Freund sagte mir, wie dumm er gewesen sei, sich wegen „so vieler Kinkerlitzchen" sein Leben lang aufgeregt zu haben. Jetzt zählte für ihn nur noch die Gesundheit, ein paar Sonnenstrahlen und eine gute Zigarre. Aber auch das verliert dann seine Bedeutung, wenn es heißt, Abschied zu nehmen. Leider verrinnt diese bemerkenswerte Zeit oft so unbemerkt.

Deshalb wollte ich Euch, liebe Freunde, die Ihr auf Euer Leben zurückschauen könnt, diesen Brief schreiben. Ich wollte Euch dazu ermuntern, Euer Leben zu genießen und

Euch Zeit zu nehmen, um zurückzuschauen. Ich würde gerne an Eurer Seite sitzen, denn ich bin mir sicher, dass Ihr viel zu erzählen hättet. Von Glück und Liebe, kleinen und großen Freuden, aber auch von schmerzhaften Erfahrungen. Sie bleiben ja kaum jemandem erspart. Jetzt dürft Ihr das alles ansehen, es als Gnade erleben, und vielleicht Danke dafür sagen. Vielleicht entdeckt Ihr jetzt erst den Reichtum Eures Lebens, vielleicht aber auch verpasste Gelegenheiten und Versäumnisse, die Euch anklagen. Das kann versäumte Zeit ebenso wie versäumte Liebe oder Erfolge sein, sogar das Schuldigwerden vor den Menschen und vor Gott. Oft kann man nichts mehr davon nachholen und wiedergutmachen. Aber was es auch war, es gehörte zu Eurem Leben und zu Eurer Geschichte, zu dem, was Ihr seid. Und vergesst nicht, dass Euch Gott mit Eurer ganzen Geschichte anschaut, voller Liebe übrigens und voller Sehnsucht, dass Ihr es schafft, Frieden zu machen mit allem was war und ist.

Ich wünsche mir, dass ich den Zeitpunkt erkenne, wann es Zeit ist, eine große Rückschau meines Lebens in Angriff zu nehmen, um dann Zeit zur Aussöhnung, zu Reue und Umkehr mit all dem zu finden, was mich noch belastet. Ich hoffe, dass ich jeden Tag lernen kann, Abschied zu nehmen, lächelnd, weil ich die Dankbarkeit für das Leben nicht verliere und alles Verfehlte und Versäumte mich demütiger macht. Ich wünsche mir dann besinnliche Stunden, mehr noch als heute, ohne mich deswegen zu verstecken. Ich möchte mal fröhlich überflüssig werden. Ich will mich dann niemandem aufdrängen und um jeden Preis um eine Position kämpfen. Wer meine Nähe sucht, wird mich finden.

Ich wünsche mir Zeit, mich auf Gott vorzubereiten, denn das wird wohl das Spannendste sein, was mich noch erwartet. Hoffentlich bleibt mir der Glaube an ihn immer meine Kraftquelle. Sollte ich krank werden, wird er mir sehr viel Mut schenken müssen, weil ich schon jetzt eine ganz armselige Kranke bin. Es genügt schon eine Grippe, um mich ziemlich ängstlich und mutlos zu machen. Beruhigend ist nur, dass Gott das von mir weiß.

Ich weiß nicht, was Ihr Euch noch alles wünscht. Aber ich hoffe, dass Ihr dafür genügend Zeit habt. Mit einem lieben Gruß an alle „alten" Freundinnen und Freunde dieser Welt möchte ich diesen Brief beenden.

Eure Schwester Teresa

19. Ihr lieben Frommen,

*schon lange brennt es mir auf der Seele, Euch „Frommen"
zu schreiben.* Ich meine nicht die wirklich frommen Menschen, die Gott auf eine stille Weise in den Mittelpunkt ihres Lebens gerückt haben. Das sind wunderbare Menschen. In ihrer Nähe fühlt man sich wohl, weil sie Tiefe, Liebenswürdigkeit und Güte ausstrahlen. Sie hängen es nicht zum Fenster raus, dass sie sich in eine innere Schule begeben haben, dass sie beten und meditieren. Sie kennen ihre Fehler und sprechen offen darüber, sind demütig, ohne Schwachheit vorzuspielen. Euch meine ich mit diesem Brief bestimmt nicht: Ihr seid es, die mir in meinem Leben entscheidend geholfen habt. Einige von Euch zu kennen ist für mich ein großes Geschenk.

Leider ist der Begriff des „frommen Menschen" so richtig auf den Hund gekommen. Man denkt dann gleich daran, wie manche „religiöse" Menschen auftreten und ihren Glauben und ihre moralische Reinheit zu einer Demo machen. Man sagt „fromm" und meint ein Mix aus päpstlicher-als-der-Papst, konservativ, rechthaberisch, scheinheilig, aufdringlich, intolerant, penetrant. Wer zieht sich den Schuh an? Es werden doch hoffentlich ein paar selbstkritische Leute darunter sein. O.K. Euch widme ich diesen Brief.

Schon seit Jahren erhalte ich in unregelmäßigen Abständen einen „frommen" Brief, einer „frommen" Frau. Ich erkenne ihn nicht zuerst an der Handschrift, dafür habe ich einfach zu viel Post, sondern an den unzähligen Bibelzitaten, die den Umschlag zieren. Über vier bis sechs Seiten erstrecken sich die Bibelzitate und am Ende weiß ich eigentlich nicht, was mir die Frau sagen will. Vielleicht meint sie, dass ich keine Bibel besitze. Wie auch immer. Eine solche Aufdringlichkeit ist abstoßend und landet bei mir in den Papierkorb. In meiner früheren Pfarrei hatten wir sogenannte „Kopftuchfromme", die wirklich eine Last waren. Während der gesamten Eucharistiefeier beteten sie den Rosenkranz und hatten mindestens ein Dutzend Marienbildchen vor sich auf der Kirchenbank ausgebreitet, die sie unentwegt küssten. Aber den Friedensgruß erwiderten sie nicht. Dafür sprachen sie regelmäßig über den Teufel. Ich glaube, sie sprachen mehr über Satan als über den lieben Gott. Jedenfalls verteufelten sie alles, was nicht ihrer Frömmigkeit entsprach. Sie hielten Gemeindemitglieder auf und schimpften unentwegt, während sie sich ständig bekreuzigten. Das passte. Ich komme mit einer solchen religiösen Praxis nicht zurecht. Wahrscheinlich bin ich nicht „fromm" genug.

Wenn dies auch Extremfälle sind, so gibt es doch allerorten unfassbare Praktiken, die es schwer machen, die Frömmigkeit zu rehabilitieren. Wenn ein Mensch, der wirklich Gott sucht, solchen „Frommen" begegnet, hat er für immer die Nase voll und ist abgestoßen. Unsere Kirche versucht sowohl neuen wie alten Glaubenspraktiken Raum zu geben. Nicht der Rosenkranz ist schlimm (ganz im Gegenteil), nur diejenigen, die ihn benutzen, um damit zu protzen, was sie doch für tolle Christen sind.

Die Kirche untersucht alle Formen der Frömmigkeit, indem sie fragt, ob sie von Gott geschenkt sind und dem Glauben dienen oder ob sie nur andere ausgrenzen. Sie muss wachsam sein und prüfen, ob sie echt sind, damit nicht jeder den eigenen Vogel mit dem Heiligen Geist verwechselt, wie es jemand so schön formuliert hat. Dabei kann sie eine große Bandbreite religiöser Gruppen und privater Frömmigkeit tolerieren. Geradezu gefährlich wird es allerdings, wenn Menschen sich als heiliger, rechtgläubiger und gottgerechter präsentieren, indem sie andere verurteilen oder als wenig wertvoll betrachten.

Mir könnten manchmal die Haare zu Berge stehen, wenn das nicht mein Schwesternschleier automatisch verhindern würde! Da höre ich von „frommen" Schwestern, die den Kleinsten im Kindergarten schon beibringen, was die einzig richtige Form des Händefaltens beim Beten ist! Und sie wissen auch, dass diese und nur diese Form in den Himmel führt, bzw. alles andere per Express in die Hölle. Ja, sind wir denn im Mittelalter? Was für ein enges, angstbesetztes Glaubensverständnis! Ist das nicht geistlicher Missbrauch? Wäre es so, man müsste zur Überzeugung kommen, dass die Frohe Botschaft eine Drohbotschaft ist. Ich erinnere mich noch genau an mein Studium der Religionspädagogik. Ich war schon im dritten Semester als eine sehr „fromme" Ordensschwester mit dem Studium begann und es in nur zwei Wochen schaffte, den Unmut ihrer Mitstudenten und Professoren auf sich zu ziehen, weil sie jeden mit ihrer Frömmigkeit vor den Kopf stieß. Dass sie sich von Gott auserwählt fühlte, konnte sie nicht oft genug in Wort und Tat bekunden – so lange, bis ein Mitstudent ausflippte und sie fragte, ob er als Verheirateter nicht auch von Gott besonders berufen sei. Da konnte sie nichts mehr antworten.

Ich frage mich, warum wir uns immer gegenseitig so abqualifizieren müssen. Warum wir dem anderen die gleiche Liebe und Zuneigung zu Jesus absprechen, wenn er anders betet und singt und Gott lobt. Wie kommen wir eigentlich dazu, jemandem überhaupt die Nähe zu Gott abzusprechen, da keiner von uns in die Seele des anderen schauen kann? Wir kennen uns doch oftmals gar nicht und wissen doch so wenig vom anderen. Von den Sehnsüchten und Träumen, Ängsten und Leiden des anderen. Von seinen Zweifeln und Suchen im Glauben. Manchmal möchte ich richtig aufschreien, wenn Besserwisserei und Kleinkrämerei den Glauben an diese befreiende Botschaft überschatten, wenn man die Frömmigkeit eines anderen, der eine größere Freiheit im Glauben für sich beansprucht, in Frage stellt. Nie werde ich verstehen, wie ein Mensch glauben kann, mit seiner „Frömmigkeit" andere erschlagen zu dürfen. Leider wird das manchmal von Menschen betrieben, die in einer bestimmten kirchlichen Machtposition stehen. Und dann wird es zur Katastrophe.

Liebe „Frommen", ich versuche Euch mal zu verstehen. Ich kann mir nicht erklären, was Euch in Eurer Erziehung und Frömmigkeit so geprägt hat, und wer dafür verantwortlich ist. Ich weiß nur, dass Ihr den Gott anbetet, den ich auch anbete. Dieser Gott ist heilig und verdient unsere Hingabe und unser Gebet. Aber wir müssen ihn sicher nicht verteidigen. Wenn Ihr Euch geliebt fühltet von diesem Gott, dann würdet Ihr alles dransetzen, dass andere Menschen diesen liebenden Gott auch finden. Ihr würdet so leben und beten, dass die Menschen darüber staunen würden. Staunen, wie gütig Ihr mit ihnen umgeht, wie begeistert Ihr von Gott sprecht, wie tolerant Ihr seid. Ihr würdet mithelfen, dass andere nicht verloren gehen. Mir kommt es aber gerade so vor, als genügtet Ihr Euch selbst und hättet kein Interesse, dass andere diesen Gott finden. Und das macht mich wütend. Wütend, dass Ihr nur Eurer eigenen Frömmigkeit frönt und dass Euch die Menschen im Grunde egal sind.

Mit Eurer „Gesetzlichkeit" hätte Jesus heute wahrscheinlich genauso Probleme, wie zu seinen Lebzeiten in Israel. Ihr seid ja davon überzeugt, dass nur Euer Weg der einzig Richtige ist. Ihr schüchtert andere ein und demütigt sie. Ihr redet so viel vom „Bösen" in der Welt, um Menschen mit dem Mittel der Angst für den Glauben zu gewinnen. Ich weiß nicht mehr, wer es gesagt hat, aber das Wort ist treffend: Man soll den Menschen den Glauben hinhalten wie eine warme Jacke, in die sie schlüpfen können, wenn es kalt ist – und nicht wie einen nassen Waschlappen, den man ihnen um die Ohren haut.

Ich würde Euch wünschen, Ihr könntet Eure krampfhaften Anstrengungen, Gott besser zu gefallen, aufgeben, aufgeben auch Eure Angst, nicht gut genug zu sein. Ist es nicht der eigentliche Unglaube, wenn man sein Heil „machen" muss (und sei es durch ein Vollprogramm an

Gebetsübungen)? In der Heiligen Schrift kommt alles Heil daher, dass man sich in die Hände des gütigen Vaters fallen lässt und ihn wirken lässt: Er weiß am besten, was Euch gut tut. Mich wundert es überhaupt nicht, dass man Euch die Freude über das Christsein nicht ansieht. Ihr seht oftmals erschöpft, verletzt und unzufrieden aus. Wirklich erlöste Menschen haben ein neues Herz. Daran erkennt man sie – nicht an ihrer weißen Weste.

Ich wünsche mir, dass unsere Kinder ohne Jesus nicht mehr leben können und Ihre eigenen Glaubenserfahrungen machen, ganz gleich wie sie dabei die Hände falten. Ich wünsche den Jugendlichen, dass Jesus der „coolste Typ" sein darf, weil er ihnen das beste Vorbild ist, das es gibt. Ich wünsche den Suchenden, dass Jesus ihnen ihren Weg zeigt, damit sie den Sinn im Leben in IHM finden können. Ich wünsche den vielen Gläubigen, dass Jesus immer die Nummer eins in ihrem Leben ist, egal wie sie beten und ihn feiern und ich wünsche Euch, dass Ihr bei Eurem eigenen Bemühen in den Himmel zu kommen, dabei nicht andere aus der Kirche treibt.

Schwester Teresa

20. An alle Suchenden,

Eigentlich schien mir dieser Brief ganz einfach, aber je mehr ich darüber nachdenke, weiß ich gar nicht, wer nun mit Dir, dem „Suchenden", gemeint ist. Gibt es Dich überhaupt? Hast Du Lust Dich als „Suchender" zu outen? Vielleicht ist das ja der größte Fehler der Kirche, dass sie die Leute so gerne in Tüten packt: „Kirchgänger", „Geschieden-und-Wiederverheiratete", „Insider", „Fernstehende", „Suchende". Das ist auch meine Gefahr. Ich ertappe mich auch manchmal bei einem solchen Zuordnen und vergesse manchmal, dass wir als Kirche die Menschen, die nicht regelmäßig in die Kirche gehen oder die überhaupt nichts mit der Kirche am Hut haben mit diesem Prädikat tituliert haben. Wie hochnäsig! Als hätten wir in der Kirche alle den Sinn oder das Ziel des Lebens schon gefunden. Wenn das so wäre, gäbe es nicht so viel Streit und Verbitterung, sondern mehr Glauben an diesen Gott und vor allem mehr hingebungsvolle Menschen, die wirklich dienen.

Sind wir nicht alle irgendwie Suchende, Menschen, die noch nicht fertig sind mit dem Leben, die noch Hunger nach etwas Größerem haben? Jedenfalls habe ich beschlossen, Dir zu schreiben, der Du noch nicht müde geworden bist, einen tieferen Sinn in Leben zu suchen. Ich meine Dich, der im hintersten Winkel seines Herzens noch ein Plätzchen für Gott übriggelassen hat, auch ohne es auszusprechen. In Wahrheit schreibe ich diesen Brief einfach an mich selber, wenn ich mich auch eigentlich schon lange nicht mehr als

„Suchende" fühle. Ich habe etwas gefunden, das mein Leben radikal verändert hat und es bis heute tut. Eigentlich habe nicht ich Gott gesucht, er hat mich gefunden. Ich wusste ja bis zu meinem 19. Lebensjahr nichts von Gott. Ich war auf einem Sportinternat und wollte Karriere machen. Als ich einmal nicht schlafen konnte, griff ich zu einem Buch, das meine Freundin mir ins Zimmer gelegt hatte. Es war die Bibel, genauer gesagt die Bergpredigt. Dies veränderte mein Leben. Niemand hat auf mich eingeschwätzt; keiner hat mich bekehrt. Es geschah einfach so.

Zugegeben das klingt wie ein Märchen, aber so war es nun mal. Bis zu diesem Zeitpunkt hatte ich nie die Kirche besucht, keine Stunde Religionsunterricht gehabt und nicht mit „etwas wie Gott" gesprochen. Ich hatte ihn also nicht gesucht, ich kannte ihn nicht, ich brauchte ihn auch offensichtlich nicht. Er hat mich gefunden. Ich war keine Suchende und habe doch den Sinn meines Lebens gefunden. Dies ist aber nur eine Seite meiner Geschichte.

Je mehr ich aber über den Moment meiner Wende nachdenke, kommt mir in den Sinn, dass dies wohl doch in einem Zustand des „Suchens" geschah. Ich war in einem Sportinternat, weg von daheim, manchmal sehr alleine, ich stand vor dem Abitur, wollte später Sport studieren, dachte mehr über meine Zukunft nach. Vielleicht war ich auf der Suche und ich war mir nur nicht im Klaren darüber. Was ich durch Gott erfahren durfte, schlug wie eine Bombe bei mir ein. Um mich herum geschah nichts Spektakuläres. Aber in mir, in meinem Herzen, war von diesem Augenblick an ein Art Frieden, eine Wärme, eine Gewissheit, eine Lust etwas zu tun. Und all das ließ mich die Welt mit neuen Augen sehen. Vielleicht sind wir Menschen in solchen Übergangszeiten sensibler für das, was wir in tiefster Seele brauchen und heimlich suchen. Solche Übergangszeiten (man kann auch sagen Krisen) erleben wir immer wieder: bei der Berufswahl, bei einer gescheiterten Beziehung, bei der Ankunft eines Kindes, bei Krankheit oder einfach da, wo uns der Alltag trostlos, eintönig und überraschungslos vorkommt. Da suchen wir nach Neuem, nach innerer Kraft und Halt und Perspektive.

In den meisten Fällen suchen wir wahrscheinlich einfach eine momentane Hilfe zum Überleben. Und diese Lebenshilfe erwarten wir uns oftmals von religiösen Menschen und sogar von der Kirche. Die Kirche ist für die Menschen da oder sie taugt zu gar nichts – das ist meine feste Überzeugung. Ich finde es schlimm, wenn Menschen in ihr Hilfe zum Leben suchen und mit Bla-bla-bla abgespeist werden. Manchmal zeigt sich die Kirche suchenden Menschen so, als hätte sie mit ihrem Leben nichts zu tun. Nichts zu tun mit den Freuden und Leiden der Menschen. Nichts zu tun mit Arbeit, Freizeit, Geld, Internet, Politik, Sex. Weltfremd, abgehoben und unnahbar. Und dann sagen die Leute mit Recht von der Kirche, dass „die keine Ahnung haben" in welcher Welt ein normaler Mensch sich heute bewegt.

Glaub mir, das ist nur die Außenseite der Kirche. In ihrem Innern trägt sie einen kostbaren Schatz, den sie wie ihren Augapfel hütet. Dieser Schatz ist Jesus Christus. Der kostbarste Besitz dieser Welt, denn er hat die Antworten auf alle unsere verborgenen Sehnsüchte. Unsere Suche nach Glück, Liebe, Anerkennung und Zufriedenheit findet in ihm Antwort. Das schreibt sich natürlich leicht, wenn man es erfahren hat. Das klingt für Dich vielleicht unglaublich.

Ich möchte Dir von einem Experiment erzählen, das ich mit meinen Schülern gemacht habe. Sie sollten eine Woche versuchen, bei allen Entscheidungen die sie treffen, so zu handeln, wie Jesus es wohl getan hätte. Natürlich war die erste Frage, können wir denn überhaupt wissen, wie der Jesus von vor 2000 Jahren heute handeln würde? Die meisten Schüler winkten ab. Nur einer meldete sich; er stammte aus den neuen Bundesländern und hatte bisher nur Ethikunterricht besucht. Er würde das mit dem Experiment gerne mal probieren, aber wenn er nach Hause käme, spiele er am liebsten mit seiner Playstation und das wäre ja nun ein Gewaltspiel. Jesus würde das bestimmt nicht spielen, und darauf möchte er nun mal nicht verzichten. Selbst dieser Zwölfjährige, der bis zu diesem Jahr noch nie in der Bibel gelesen hatte und sich kaum einen Gedanken über den Glauben gemacht hatte, wusste genau, was Jesus bestimmt nicht getan hätte. Wahrscheinlich würde Jesus tatsächlich ein solches Spiel nicht spielen. Andere Schüler meinten, man würde ziemliche Schwierigkeiten bekommen, wenn man sich in allem wie Jesus verhalten würde. Wenn man beispielsweise immer und überall die Wahrheit sagen würde. Am Ende der Woche hätte man keine Freunde mehr. Auch das könnte durchaus passieren.

Dennoch haben sich zwei Schüler für dieses Experiment gemeldet. Ihre erste Erfahrung war, dass sie viel bewusster leben mussten, weil sie in Gefahr waren, ihren Vorsatz im Trubel des Alltages zu vergessen. Plötzlich stand ihnen vor Augen, wie oft sie jemanden übersahen, patzige Antworten gaben, dumme Gedanken über andere hatten, nur ihre eigenen Vorteile suchten. Unabhängig vom Ausgang hat ihnen dieses Experiment etwas für ihr Leben gezeigt.

Jesus kann man nur ausprobieren. Schnell wird man merken, dass man sich plötzlich ganz andere Gedanken über sein Leben macht. Das ist für viele eine Hemmschwelle, weil sie sich davor fürchten, alles aufgeben zu müssen, um plötzlich Heilige zu werden. Eine solch radikale Umstellung hat Jesus wohl nur mit ganz wenigen Menschen auf dieser Erde vor. Mit den meisten möchte er einfach nur eine bessere Beziehung aufbauen und sie einladen, sich selbst endlich einmal ernst zu nehmen. Glaub mir, bevor Du irgend etwas in Deinem Leben ändern musst, hat er Dich so angenommen, wie Du bist. Vor ihm brauchst Du nicht gebildeter oder antriebsstärker sein oder mit einer weißeren Weste dastehen, als es gerade der Fall ist. Du brauchst ihm keine gedrechselten Absichtserklärungen aufsagen, keine Märchen über Dich erzählen, brauchst ihm nichts vorzumachen und vorzuheucheln.

Was er am meisten achtet, ist Deine Freiheit; und für Dein Leben brauchst Du Dich nicht zu entschuldigen. Jesus schaut Dich mit guten Augen an, noch bevor er irgend etwas von Dir fordert. Aber in seiner Nähe wird jeder Mensch spüren, wie unfrei er eigentlich noch ist, wie viel echtes Leben ihm noch abgeht, wie viel Ängste er noch in sich hat, aus denen er sich nicht selbst befreien kann. Wie viel falschen Dingen er hinterher jagt, die ihn verbittern, geizig und maßlos machen – nur eines nicht: glücklich. Das will er ändern. Er will uns frei machen und unsere Last von uns nehmen. Es ist merkwürdig, dass Menschen weiterhin lieber mit all ihren Sorgen, ihrer Schuld und Unfreiheit weiterleben wollen. Aber es scheint genügend Menschen zu geben, die lieber leiden, anstatt sich befreien zu lassen.

Wenn Du aber nicht dazu gehörst, wenn Du noch mehr Leben in dir spürst, wenn Du eine Heimat suchst, wenn Du einen wahren Freund suchst, dann vertraue Dich diesem unaufdringlichen Jesus an. Vielleicht wagst Du auch einfach nur für eine einzige Stunde irgendeines Tages dieses Experiment: in allem so zu handeln wie es Jesus getan hätte. Vielleicht wirst Du dann auf eine heiße Spur kommen.

Ich selbst habe in meinem Leben Unglaubliches erlebt – aber nichts ist so abenteuerlich wie die Suche nach Gott. Ich liebe das Abenteuer und die Herausforderung; und deshalb scheue ich mich nicht, eine Suchende zu bleiben bis ich sterbe. Ich suche die Erfahrung mit Jesus jeden Tag, und jeder Tag meines Lebens ist deswegen kostbar. Ich bin glücklich eine Christin zu sein.

Dir wünsche ich von Herzen, dass Du findest, was Du suchst.

Deine Schwester Teresa

21. Hallo, Ihr Verliebten,

es ist schön Euch auf der Straße, in den Cafés, in der U-Bahn zu beobachten. Ich freue mich mit Euch, wenn Ihr zärtlich zueinander seid, nur mit den Augen sprecht, ganz viel Nähe zulasst, Euch berührt, die Hände noch fester zudrückt, wenn Ihr das Gleiche empfindet, einfach lächelnd dasteht und die Welt um Euch herum Welt sein lasst. Verliebt zu sein ist etwas Wunderbares. „Hoffentlich bleibt es noch lange so bei Euch", denke ich manchmal, hoffentlich bleibt Ihr so verrückt in Eurem Gefallen aneinander. Ich hoffe dann, dass Ihr an Eurer Liebe weiterarbeitet und sie niemals in ein laues Nebeneinander abgleiten lasst. Denn sie wird Euch jeden Tag beflügeln, Euch Gedichte und Poesie schenken, Euch immer wieder die Welt umarmen lassen. Diese Begeisterung wird Euch viel Kraft und Dynamik schenken.

Aber ich weiß, dass ich nur träume. Um mich herum sehe ich zerbrechende Beziehungen, eingeschlafene Liebe und eine klaffende Leere, wo einmal die gleiche verrückte Liebe zwischen zwei Menschen herrschte, wie ihr sie gerade erfahrt. Ist das der Lauf der Dinge? Erst der Himmel voller Geigen und dann der Krieg der Geschlechter? Warum geschieht das regelmäßig genau so?

Wisst Ihr, damit könnte man auch meine Liebe zur Kirche vergleichen. Ich bin immer noch unglaublich verliebt in diesen Gott und in meine Kirche und das obwohl ich für sie arbeite. So war das am Anfang meines Christseins und so ist es auch heute noch. Allerdings habe ich manchmal das Gefühl, ziemlich alleine damit zu stehen. Es sind einfach zu wenige, die öffentlich zu ihrer „göttlichen" Beziehung stehen. Heute bringen eher Spitzensportler und Politiker ihre Freude über den Glauben öffentlich zum Ausdruck als viele normale Christen. Irgendwie scheint es peinlich zu sein, sich dazu zu bekennen. Manchmal habe ich das Gefühl, dass man sich am Arbeitsplatz leichter als Alkoholiker oder Taschendieb, denn als Christ „outet". Ich vermisse ein Stück dieser Verliebtheit in meiner Kirche. Die Liebe scheint müde geworden, die erste Begeisterung gewichen zu sein. Es ist wie bei einem Paar, bei dem sich der eine Partner eines Tages sagt: „Das sage ich mal besser nicht, dass ich mit diesem Volltrottel gehe!" Man scheint sich auseinandergelebt zu haben und hat sich nichts mehr zu sagen. Viele haben aufgehört mit ihrer Kirche zu sprechen oder sind in ihr sprachlos geworden. Verliebte und Kirchenliebhaber sind selten in unserem Land.

Stimmt das wirklich? Es stimmt, dass Menschen auswandern, es stimmt, dass meine Kirche nicht vor Attraktivität strotzt und es stimmt, dass man an Ihr oftmals kein gutes Haar mehr lässt. Aber es stimmt nicht, dass es keine Kirchenliebhaber mehr gibt. Warum das nicht stimmt? Weil die Kirchen dieser Welt Sonntag für Sonntag leer wären, gäbe es diese Liebesgeschichten nicht. Das ist nicht so. Mancherorts sind sie sogar ziemlich voll mit Menschen, die noch verliebt sind, auch wenn sie keine Schmetterlinge mehr im Bauch haben und über den ersten Kuss hinaus gewachsen sind. Sie leben und lieben in ihr, auch wenn ihre Liebe schon reifer geworden ist und manche Verrücktheiten der Gewohnheit gewichen sind.

Wisst Ihr, ich wünsche mir von ganzem Herzen, dass wir Christen unsere erste Liebe zu Gott und zu unserer Kirche wieder erneuern und sie auch nach außen zeigen. Die Kirche hat Menschen über die Jahrtausende beherbergt und ihnen viel Gutes getan. Manchmal hat sie die Menschen auch gequält. Ich meine nicht, dass wir das einfach übersehen dürfen, es gehört zur unwiderruflichen Realität der Kirche. Diese Geschichte gehört ein Stück zu unser aller Geschichte, die wir zu tragen haben, weil wir selbst auch versagen und uns nicht so benehmen, wie Jesus das von uns erwartet. Aber dennoch ist mir die Kirche eine Heimat geworden.

Ich habe keinen Zweifel daran, dass die Menschen sich heute sehr nach Glauben und einem tieferen Sinn für ihr Leben sehnen. Aber viele haben wenig übrig für die Kirche. Kann man denn für sich alleine lieben und leben? Gehören wir alle, die Gott lieben möchten, nicht in der Tiefe ganz eng zusammen? Und ist das nicht ein neuer Name für „Kirche": Gemeinschaft der Liebhaber Gottes? Nur weil ein Pfarrer in einer Gemeinde ein sturer Kopf ist, bedeutet das doch nicht, dass alle so sind. Wahrscheinlich sind solche Priester nicht mehr verliebt genug. Ebenso gilt das für alle kirchlichen Mitarbeiter und die Gläubigen. Wer immer nur angestrengt und freudlos sein Programm abspult, dem wird man wenig „Verliebtheit" zu diesem Gott nachsagen können.

Verliebte haben nämlich ganz viel positive Ausstrahlung und Zärtlichkeit und Freude in sich. Verliebte können Worten einen besonderen Zauber verleihen, weil sie ihre Gefühle sprechen lassen. Wer Gefühlen Ausdruck gibt, spricht aus dem Innersten der Seele. Verliebte führen den Namen des Geliebten ständig im Herzen, und der Mund kann nicht still stehen, ihn zu loben und von ihm zu schwärmen.

Wenn ich so in meine Kirche hineinlausche, was da so alles gesprochen wird, dann fällt mir eben auf, dass wir ein Verliebten-Defizit zu haben scheinen. Oder liegt es einfach daran, dass die Christen es nicht gewöhnt sind, verliebt über ihren Gott zu sprechen? Das setzt nämlich eine lebendige Beziehung zu ihm voraus. Wenn ich verliebt bin, dann ist mein Geliebter die Nummer eins in meinem Leben. Ich belüge mich allerdings als Christ, wenn ich behaupte Christ zu sein, aber der Liebe nicht glaube. Glaubte ich nämlich der Liebe, dann hätte ich eine lebendige Beziehung zu ihr. Dann würde ich täglich mit dem Geliebten sprechen und mit ihm Zeit verbringen, um ihn immer besser kennen zu lernen. Liebende lesen immer und immer wieder die Briefe des Geliebten. Gott hat uns einen wunderbaren Liebesbrief geschrieben: Jesus Christus und das ganze Evangelium ist voll davon. Ein Liebesbrief verlangt nach einer Antwort. Das wäre eine komische Liebesbeziehung, wo nur der eine Partner seine Liebe zum Ausdruck bringt. Manchmal kommt mir das so vor, dass Gott uns Menschen ständig schreibt, aber entweder antworten wir nicht oder stapeln seine Briefe im Regal.

Nun Ihr Verliebten, wenn ich Euch so nachschaue auf der Straße, dann seufze ich ein wenig. Dann träume ich davon, wie das wäre, wenn wir in der Kirche den Mut hätten, verliebter mit diesem Gott umzugehen und unsere Begeisterung nicht an der Kirchentür zurückzulassen. Wenn wir uns mehr trauten über unsere Liebeserfahrungen zu sprechen und uns auf den (kostbaren) Schatz besinnen, den wir haben.

Ihr Verliebten habt mich ins Schwärmen gebracht. Ich wünsche Euch eine aufregende, prickelnde Zeit und die Kraft, noch mit Neunzig verliebt zu sein.

Eure Schwester Teresa

22. Hallo Ihr Begeisterten,

Ihr seid zwischen 17 und 35 Jahren jung, könnt bei 40 Grad in praller Sonne tanzen und beten, kniet Euch eine Stunde zum Rosenkranz auf Schotterboden nieder, leuchtet über das ganze Gesicht, wenn Ihr religiöse Musik hört und Ihr schmettert ein Marienlied nach dem anderen in gläubiger Begeisterung. Ich habe Euch bewundert, Euch 10000 Jugendliche und Gäste beim internationalen Jugendfestival in diesem Sommer in Medjugorje in Bosnien/Herzegowina.

Medjugorje ist ein Wallfahrtsort, in dem schon seit Jahren Maria, die Mutter Gottes, sechs Kindern, die inzwischen erwachsen und zum Teil sogar verheiratet sind, bis heute erscheint. Für mich war es das erste Mal, dass ich Medjugorje besucht habe. Die Faszination, die von diesem Ort und von Menschen wie Euch ausgeht, ist unglaublich; Menschen, die es wirklich in unserer Kirche gibt: Die Begeisterten.

10000 junge Menschen, die von früh bis in die Nacht hinein beten, beten und wieder beten. Ja, es stimmt, ich habe es mit eigenen Augen gesehen, wie sich Hunderte von Euch zur Beichte anstellten, irgendwo im Freien, auf Stühlen und Ihr habt geduldig ausgeharrt, bis Ihr dran wart. Nur ein Schild mit der entsprechenden Sprache Eures Landes stand vor den Stühlen und manche Beichten schienen eine kleine „Ewigkeit" zu dauern. Es schienen bewegende Momente für Euch zu sein, wo Ihr Gott Euer Leben und Eure Sünden anvertrautet. Und wisst Ihr was das merkwürdigste war? Obgleich es genügend Beichtstühle gab, in denen man unerkannt verschwinden konnte, scheutet Ihr Euch überhaupt nicht, Euch offen vor aller Augen hinzusetzen oder zu knien, wo jeder Euch sehen konnte, manchmal unter Tränen Euer junges Leben ausbreitend. Vielleicht war es aber gerade diese Freude, über die Vergebung und Versöhnung mit Gott, die alle hier so angesteckt hat. Begeisterte im Glauben und dann auch noch junge Menschen und hunderte von jungen Priestern, die man in ihrer Schlichtheit gar nicht als Priester erkannte bis sie aus ihrem Rucksack ihr Gewand und die Stola herauskramten und ihr Handy abschalteten, um sich für den Gottesdienst vorzubereiten. Ich dachte, ich träume! Und doch musste ich angesichts so viel tausender von Begeisterten über die „Noch-nicht"-Begeisterten nachdenken. Nein, nicht über die Fernstehenden, die Gott noch nicht kennen, sondern über die sonntäglichen Gottesdienstbesucher, über die Jugendlichen, die daheim zu nichts „Bock" haben und nicht ansprechbar sind für den Glauben. Wie entsetzt und verständnislos würden sie auf eine Einladung reagieren, wenn sie hier so viele Rosenkränze beten sollten? Ich dachte an uns, die Situation in Deutschland, wisst Ihr warum? Weil bei den „Beichtstühlen für Deutschsprachige" nur die Beichtväter zum Beichte Hören anstanden, aber kaum Beichtende. Anders war es dagegen bei allen anderssprachigen Beichtmöglichkeiten, dort standen die Gläubigen an.

Und eine andere Beobachtung machte mich ebenfalls nachdenklich. Bei den Gottesdiensten, die mit schwungvoller Musik und viel Bewegung gefeiert wurden, man könnte fast „Aerobicmessen" dazu sagen, hatte eine alte bosnische Ordensschwester die Priester beobachtet. Sie erzählte uns beim Abendessen, dass ihr ein jüngerer Pfarrer auffiel, der nur mit den Fingerspitzen ein Klatschen andeutete. Ihr Kommentar: „Das war bestimmt ein deutscher Padre!"

Ich weiß nicht, ob es ein deutscher Pfarrer war, aber ich glaubte es ihr. Doch durfte ich mit einigen deutschen Pfarrern sprechen, die ganz und gar nicht diesen Eindruck hinterließen; den Eindruck, als fehle ihnen etwas von dieser Power der Begeisterung.

Ihr begeisterten jungen Menschen habt mir so viel Mut gemacht, weil Ihr weinen und lachen könnt, weil Ihr mit Ergriffenheit beten könnt, weil Worte von Jesus für Euch noch eine Sprengkraft haben, weil Ihr nicht müde werdet, Gottesdienst zu feiern und nicht dabei auf die Uhr seht, wenn Ihr das Lied noch fünfmal wiederholt, weil Ihr Zeit habt, Euch über Euch Gedanken zu machen. Ich danke Euch, die Ihr mir die Augen geöffnet habt, dass in unserer Kirche eine Dynamik lebt, die über alle Grenzen hinweg wirklich existiert.

Und deshalb denke ich an Euch alle, die Nochnicht-Begeisterten, die diesen Brief vielleicht auch lesen werden. Wenn es Euch an dieser überschäumenden Energie mangelt, dann macht Euch doch auf den Weg und lernt von der gläubigen Jugend der Kirche.

Als ich an einem Nachmittag in Medjugorje betend auf

einer Bank saß, stand plötzlich ein junger Mann neben mir, der seine langen Haare zum Zopf gebunden hatte. Er stand da, fast schüchtern, unbemerkt und lauschte. Doch irgendwie kam er mir bekannt vor. Ja, dachte ich, den kennst Du! Aber woher? Hier in Medjugorje, hier an diesem Wallfahrtsort konnte ich ihn nicht zuordnen. Bis ich ihn plötzlich erkannte und ihn darauf hin ansprach. Und er war es: Paddy Kelly von der Kelly-Family. Mit großer Liebenswürdigkeit, fast einem schüchternen Lächeln, stellte er sich vor und wir hatten ein wunderbares Gespräch miteinander. Als das Rosenkranzgebet begann, zog er selbstverständlich den Rosenkranz aus der Tasche und begann ihn in bosnischer Sprache zu beten. Ich staunte, ja ich war begeistert. Da steht ein ganz berühmter Sänger, der auf der ganzen Welt bekannt ist, von tausenden Verehrerinnen der Welt geliebt wird, und betet den Rosenkranz und verehrt die kostbarste Frau dieser Welt: Maria! Ganz selbstverständlich betete er und strahlte dabei eine echte Frömmigkeit aus. Das müssten jetzt meine Jugendlichen zu Hause sehen, dachte ich. Später nach dem Gottesdienst sangen die „Kelly's" vor einer atemberaubenden Kulisse. Es war ein Rockkonzert der ganz besonderen Art, denn zwischen den Liedern wurde gebetet und die Kelly's traten sogar kostenlos auf!

Ja, so etwas löst in mir Begeisterung aus. Denn auch ich kenne Zeiten, wo es mit meiner Begeisterung in meiner Kirche nicht zum Besten steht, wo eine langweilige, müde Gläubigkeit mir um die Nase weht. Da ist es schon schwierig begeistert zu sein. Und doch möchte ich allen Begeisterten zurufen: „Gebt nicht auf!" Habt weiterhin den Mut begeistert zu sein, verliebt, verrückt, gläubig, betend, dynamisch, stark, bunt, großzügig, frei und lebendig, denn das ist der Geist Gottes, der allen geschenkt wird, die nach IHM rufen.

Diese Begeisterung erfährt man, wenn man seine müden, festgefahrenen Ansichten und Absichten verlässt und nach Gottes Absichten fragt. Geht los und sucht die Freude in unserer Kirche! Ein Geheimtipp: Ihr werdet sie bei der Jugend der Kirche finden – in Medjugorje oder Taizé, auf den Kirchen- oder Katholikentagen, einem Jugendgottesdienst oder einer Jugendwallfahrt.

Eure Schwester Teresa

23. Lieber Gott,

"ich bin so klein, aber ich habe eine Idee", lautet eine Liedstrophe in meinem neuen Musical. Diesen Text singt ein bezauberndes neunjähriges Mädchen. Nachdem ich nun meine Briefe an die Kirche geschrieben habe, diese Briefe, die mir so am Herzen lagen, komme ich mir vor wie unsere kleine Solistin: Lieber Gott, ich fühle mich so klein!

Ich weiß selber nicht, woher ich den Mut aufgebracht habe, Deiner Kirche meine Meinung zu sagen. Ganz unschuldig bist Du, glaube ich, nicht daran. Du hättest mich damals mit 19 Jahren meinem Sportlerdasein überlassen können. Aber Du hast Dich eingemischt und mich zum Glauben und in Deine Kirche geführt. Ich kann Dir nicht oft genug sagen, wie dankbar ich Dir dafür bin. Ich durfte Deine Kirche mit den Augen meiner jugendlichen Begeisterung entdecken und lieben lernen. Schon damals war mir die Sache mit den Gemeinden und der Nächstenliebe nicht ganz geheuer. Ich fand es am Anfang aufregend, Dich in allem zu entdecken. Ich dachte, dass es alle Deine Gläubigen vom Hocker reißen müsste, dass Du sie liebst. Na gut, das war vielleicht etwas übertrieben, aber einige verspotteten mich bereits damals. Sie meinten, ich müsste „erst einmal wieder auf die Erde kommen". Aber meine Begeisterung war echt; ich war einfach unglaublich „angemacht" von Dir.

Ich glaube inzwischen, ich habe den Rückflug nach unten nie ganz geschafft. Du bist und bleibst für mich das Aufregendste in dieser Welt. Dann führtest Du mich in ein wunderbares Kloster. Ich genoss die Jahre, die ich in ihm verbrachte, weil es am meisten dem entsprach, was ich anfangs suchte. Du gabst mir eine große Portion Mut mit auf den Weg und so lernte ich sehr viele geistliche Dinge kennen, die mich für immer geprägt haben. Außerdem konnte ich im Herzen Deiner Kirche dienen, so kam es mir jedenfalls vor. Ich durfte bei Kranken und Alten, Behinderten und Kindern so wertvolle Erfahrungen machen und sogar „Theologie" studieren, wobei ich heute noch nicht weiß, ob man so etwas eigentlich studieren kann. Das war eine hinreißende Zeit! Ich verschlang alles, was ich über Deine Kirche in Erfahrung bringen konnte. Du führtest mich weiter – in den Dienst einer Gemeindereferentin, brachtest mich dazu, auf den Straßen mitten unter den Menschen zu wirken. Allein dafür kann ich Dir nicht genug danken. In dieser Zeit spürte ich wie ich Dich in allen Dingen und Ereignissen und Menschen finden konnte. Noch nie kam mir Deine Kirche so glaubwürdig vor. Du öffnetest mir viele Türen, sogar in die Medien schmuggeltest Du mich hinein.

Eigentlich hätte ich bis zu meinem Lebensende diesen Dienst tun können, aber Du führtest mich wieder weiter, weil ich spürte, dass Du mich noch näher zu den Menschen bringen wolltest. Ich durfte mit meinen treuesten Gefährten eine neue kleine Gemeinschaft in Deiner Kirche gründen und nun der Kirche in Bamberg dienen. Überwältigt von dem Vertrauen, das Du uns durch diesen Anfang zuteil werden ließest und den Mut, den Deine Kirche bewies, banden wir uns ganz und gar an sie. Ich weiß nicht, wie diese übergroße Freude in meinem Herzen eigentlich Platz gefunden hatte, über all das, was Du uns ermöglicht hast. Leider konnten einige Leute in unserer Gemeinde unseren modernen Lebensstil nicht in ihr Bild von der Kirche einordnen. Sie machten uns Schwierigkeiten und verfolgten uns von Anfang an mit Verleumdungen und Verdächtigungen.

Nun verstand ich viel von dem, was sich immer wieder in Deiner Kirche durch die Jahrhunderte wiederholt. Immer waren es einige Christen, die sich für besser hielten und andere verurteilten. Wir waren nahe daran aufzugeben, aber wieder stärktest Du uns durch das Gebet, unsere Freunde und das Vertrauen unseres Bischofs. Er gab uns eine Chance. Wie stolz war ich auf meine Kirche, weil sie prüft und ausprobieren lässt, ob sich Früchte der Arbeit zeigen. Mein Vertrauen in Deine Kirche ist besonders in diesen schweren Zeiten gewachsen.

Manchmal komme ich aus dem Staunen nicht mehr heraus. „Ich bin so klein" – und oft ganz schön armselig und doch lässt Du mich die verrücktesten Dinge tun. Du schicktest mich ins Fernsehen, ich traf Homosexuelle und Fernsehstars, ich gab Seminare für Manager, komponierte und führte Rockmusicals auf. Ich werde nicht müde, in unzähligen Vorträgen in Gemeinden von Dir zu schwärmen. Auch dafür danke ich Dir, lieber Gott. Aber Ruhe lässt Du mir immer noch nicht. Gott sei Dank, ich meine: „Dir" sei Dank. Damit führst Du mich zwar immer wieder an meine Grenzen, aber Du hast mich noch nie im Stich gelassen.

Ich liebe Dich und ich liebe Deine Kirche. Wenn ich sie nicht so sehr lieben würde, wäre ich schon längst an ihrer Unbeweglichkeit und Starrheit zerbrochen. Die Kirche ist eben nur so lebendig wie die Menschen in ihr.

Zum Ausgleich hast Du uns in verschiedene Länder geführt, wo wir den Reichtum deiner Kirche spürten und noch deutlicher den Reichtum Deines Wirkens außerhalb der katholischen Kirche. Das wird zwar die Verantwortlichen überraschen, aber so ist es nun mal. Du selbst bist es, der immer neu für Überraschungen sorgt.

Und das wünsche ich mir so sehr, lieber Gott, überrasche deine katholische Kirche mit dem lebendigen Geist. Ich persönlich liebe ja Überraschungen, aber ich fürchte, dass Du nicht bei allen Christen damit gut ankommst. Ich weiß nicht, ob Dein Bodenpersonal immer so mit Dir rechnet. Viele sind ausgebrannt und werden durch die Gemeinde gehetzt und müssen sich mit jedem Kleinkram beschäftigen. Manche nehmen sich einfach zu wichtig oder bemitleiden sich selbst. Ich glaube, wir alle bräuchten mehr Gelassenheit von Dir, mehr Humor und Leidenschaft. Weisst du lieber Gott, ich staune einfach über Dich, wo und wie du das zusammenbringst, während wir hier uns manchmal sinnlos die Köpfe zerbrechen.

Wir beobachten, wie der Glaube schwindet, während anderswo selbst neunjährige Kinder ihr Leben Jesus übergeben. Ich habe es selbst erleben dürfen. Eine Sache finde ich übrigens total spitze. Deine „WWJD" Aktion, die du tausenden jungen Leuten ins Herz gegeben hast. „What would Jesus do?" – Was würde Jesus tun – diesen Spruch tragen unglaublich viele Menschen in Amerika auf einem Bändchen um die Hand. Eine Art Gedächtnisstütze. In allen Situationen des Alltags versuchen sie zu überlegen, was Jesus an ihrer Stelle getan hätte, um danach zu handeln. Warum hast Du so etwas nicht deiner katholischen Kirche geschenkt? Ich bezweifle nämlich, dass sich viele Katholiken diese Frage tagtäglich stellen. Vielleicht weil es einfach zu anstrengend ist, so wie Jesus zu handeln. Man müsste beispielsweise ständig die Wahrheit sagen: „Nein, Deine Frisur gefällt mir eigentlich überhaupt nicht" – „Diese Predigt war eine Zumutung. Probieren Sie es nächsten Sonntag nochmals, vielleicht mit mehr Liebe". Wir müssten auch die grüßen, die wir nur gerne von weitem betrachten. Wir würden den Fernseher verkaufen und das Geld den Armen geben. Wir würden öfters Danke sagen. Oder uns gar bereit erklären, die Toiletten des Pfarrzentrums zu putzen. Ich habe von einem Mann erfahren, der Urlaub genommen hat, um genau diesen Dienst für seine Gemeinde eine Woche lang zu tun. Von Beruf ist er eigentlich Notar. Na ja, die sind ja von Haus aus gründlich. Das ist echt glaubwürdig. Danke, lieber Gott für diese tollen Menschen.

Wenn bei uns auch Leute auf solche Ideen kämen, wäre wahrscheinlich ganz schön was los. Meinst du nicht auch? Dann bekämen es sicher einige mit der Angst zu tun. Jesus war äußerst anspruchsvoll und ist keinem Konflikt ausgewichen. Er hat sich mit äußerst bedenklichen Randgruppen abgegeben und ganz und gar nicht ..., aber warum erzähle ich Dir das eigentlich? Du weißt das ja. Insgeheim hoffe ich halt doch, dass es die anderen lesen. Du weißt schon, wen ich meine.

Also lieber Gott, ich habe Grund für mein reiches Leben zu danken. Du bist das Beste, was mir je passiert ist. Ich weiß zwar nicht, was Du noch mit mir und uns vorhast, aber ich bin sicher, dass ich mich noch auf einige Überraschungen von Dir gefasst machen kann. Bitte verzeih mir alle meine Zweifel und mein Versagen, meine Ängste und Bequemlichkeiten. Verzeih mir, dass ich mich nicht noch mehr für Deine Kirche und die Menschen eingesetzt habe. Ich bitte Dich Gott, dass die Leser und Leserinnen dieses Buches mein Anliegen richtig verstehen und noch mehr Lust auf Dich und Deine Kirche bekommen.

„Ich bin zwar klein, aber ich habe eine Idee." Setz bitte alle Deine überstrapazierten Bischöfe, Priester und alles kirchenmüde Bodenpersonal in ein Flugzeug, zieh sie für mindestens drei Monate aus dem Verkehr und entführe sie zu einem richtigen, schönen und erholsamen Urlaub. Verwöhne sie nach Strich und Faden, liebkose sie, nimm sie mal wieder in den Arm, heile ihre Verletzungen und gib ihnen das Evangelium „pur", ohne Predigthilfen in die Hand, zu lesen. Lass Dein Feuer durch ihre müden Glieder fahren und erwecke sie zu neuem Leben. Entfache in ihnen die Sehnsucht nach Leben, „Leben pur", nach einem Leben voller Freude und nach einer Begeisterung, die ansteckt und mitreißt. Schenke ihnen eine Freiheit, mit der sie ihre Gemeinden aus dem Winterschlaf reißen und befreien können.

Ich wünsche mir lieber Gott, dass Du dann alle wieder zu Dir bekehrst und zu der Verliebtheit in diesen abenteuerlichen Job in Deiner Kirche. Du selbst hast uns allen die Freiheit zum Wählen geschenkt, ob wir schlecht gelaunt, müde und ausgebrannt unsere Arbeit anpacken und unseren Mitarbeitern auf die Nerven gehen oder ob wir vergnügt, heiter und mit guter Laune aus einem unbedeutenden Tag einen großartigen Tag machen –, es kommt ja nur auf unsere persönliche Einstellung an. Jeder ist dabei ein Künstler, der ein einzigartiges Kunstwerk schaffen kann, wenn er es als „Verliebter" und als „Verliebte" entwirft.

Wenn sie dann in ihre Kirche zurückkommen, werden sie feststellen, dass die Kirche ohne sie nicht untergegangen ist. Du hast schließlich alles in der Hand und bist zuständig, ob und wie es weitergeht. Das müsste doch so erleichternd und beschwingend sein, dass sie voller Power und voller Freude neu beginnen können.

Schenke auch Deinem ganzen Volk eine Freude, die die Herzen verändert, eine Freude, so dass man hüpfen und tanzen will und das Leben so wie es ist umarmen und küssen möchte. Denn das Leben, das Du uns geschenkt hast und jeden Tag immer neu schenkst, ist eine Herrlichkeit.

Deine Schwester Teresa

Dank

Viele Menschen haben dazu beigetragen, dass ich dieses Buch schreiben konnte: Es sind die Christen, die mich in meiner Liebe und Begeisterung zur Kirche nicht müde werden lassen.

Das ist meine Gemeinschaft, die Kleine Kommunität der Geschwister Jesu in Pegnitz, vor allem Schwester Claudia Fischer mit ihrer Geduld und Unterstützung bei den Korrekturen und Schwester Eleonara, die mich mit Ihrer Liebenswürdigkeit und Ihrem Gebet bestärkt hat.

Das sind die vielen Aktiven in unserer Gemeinde Herz-Jesu in Pegnitz, die sich mit uns bemühen, eine lebendige Kirche zu bauen.

Das ist unser Erzbischof Dr. Karl Braun in Bamberg, mit seiner Liebe zu unserer Kirche, dem wir Vertrauen und Unterstützung verdanken und dessen Rücktritt aus gesundheitlichen Gründen wir zutiefst bedauern.

Das ist Generalvikar Prälat Alois Albrecht, der ein Segen für das Bistum Bamberg ist und der mit seinem Engagement für unsere Kirche immer ein Vorbild ist.

Das ist unser Pfarrer und Dekan Franz Reus, der nicht müde wird, neue Wege zu gehen und offen ist für das Wirken des Geistes, der mir der beste und teuerste Freund an meiner Seite ist.

Das ist Pfarrer Fabian Vogt, der mir sein Lied „Ekklesia" zur Verfügung stellte und uns ein guter Freund in der evangelischen Kirche ist.

Das sind die vielen Gemeinden, seien sie nun katholische, evangelische oder freikirchliche Gemeinden, die mich zu ihren Veranstaltungen einladen und mir immer wieder neue Perspektiven schenken, die mir Interesse und Begeisterung entgegenbringen und mich damit immer neu anspornen.

Das ist der Pattloch Verlag, der mit viel Engagement meine Bücher herausbringt. Ich kann mir keinen besseren Verlag vorstellen.

Das ist mein Verleger Bernhard Meuser mit seinen kreativen Ideen, die mich immer bereichern und sein tolles Team, das mir immer mit Rat und Tat zur Seite steht.

Das ist mein Lektor im Pattloch Verlag, Wolfgang Schuster, der mich anspornt und das Beste aus mir herausholt.

Und viele Ungenannte, die mich zu diesem Buch ermuntert haben.

Euch allen: Danke.

Ihre/Eure Schwester Teresa Zukic